那些成語典故

中的心理學大小事

韋志中 著

成語釋義×心理分析，古典文學與現代心理學
的集合，用最精華的人生智慧來指引你！

當古典成語碰上文化心理學？

家庭關係 × 人際來往 × 自我成長 × 情緒管理 ×

高效學習 × 行動策略......

傳承千年的文學典故，給你直擊心靈的人生忠告！

目錄

第六章　知行合一篇

前言

　　文化心理學是心理學的最新研究領域之一，它是研究心理和文化之間相互影響關係的學科。其主要目的在於揭示文化和心理之間的相互整合的機制。瑞士心理學家卡爾・榮格（Carl Jung）受到了傳統文化中易學、道教、禪宗、藏傳佛教的影響，提出了分析心理學，從此與佛洛伊德的精神分析心理學區分開來。

　　心理學是從國外引進來的，但其適應性並不高。我們在探索心理學本土化的過程中發現，傳統文化中蘊含的思想都可以用來揭示心理學現象發生、發展的客觀規律，這些都能夠用來指導人們的實際活動。

　　華人的傳統文化，是中華文明成果的創造力來源，更是中華民族歷史上道德傳承、各種文化思想、精神觀念形態的總體。以孔子道德文化為本體，以道家理念、法家思想、佛家文化等為主體的多元文化的融合，形成了詩、詞、歌、賦等多種創作形式，這些都是古人們探索出來的智慧寶藏。

　　生活在世界各地的中華民族世代相傳。心靈相通的紐帶不僅在於黑頭髮、黃皮膚這些外表的特徵，更是源自於對中華民族優秀傳統文化的承續。文化所孕育的不僅僅是一個人的內在

氣質，更是一個民族和國家發展的不竭動力。自古以來，古人不斷從歷史文明中提煉前人的智慧，如孔子從《易經》中提煉出儒家的中庸思想，從唐太宗李世民「以古為鏡」提煉出治國之道⋯⋯近年，隨著對傳統文化的宣揚日漸重視，各種傳統文化研究絡繹不絕，呈現出了百花齊放的景象，也有不少專家從佛學經典、道家文化、儒家思想中提煉出處事為人之道、心理諮商理論等。

成語作為傳統文化的一部分，每一個成語基本上都有一個形象生動的故事，隱含著意義深遠的道理。現今全世界都在流行正向教育，流行正向心理學，人們渴望更多的是積極心理、正能量，而不是那些消極的負面思想。在這樣的大時代趨勢下，我們發現許多成語不僅蘊含著古人的正向心理學思想，而且可以成為我們現代人的行動指南。例如，三國的曹操在打仗的時候，就用了正向暗示的心理學理論。當士兵們口渴難耐、想要放棄的時候，他大聲喊道：「前面有一座梅子林，大家到那個地方就可以解渴了。」這就是「望梅止渴」的故事。其中道理很簡單，按照精神現象學來說，存在於腦海中的意象是存在於真實世界中的，就像我們想到吃梅子的畫面，我們下意識就會回憶當時吃梅子的酸味，於是嘴巴就會分泌唾液，達到緩解口渴的作用。

在現今社會中，許多矛盾源自於家庭衝突、人際關係緊張

等，使得人們的生活、工作備受困擾，幸福感降低。我曾經在閱讀兵法《三十六計》時，深深地折服於古人先進的軍事思想和豐富的作戰技術。

《三十六計》將每一計劃分到不同的作戰方針中，本書也同樣採取這樣的方式，選取三十六個成語，並劃分到六個類別中。這六個類別分別是家庭篇、交往篇、成長篇、情緒篇、學習篇以及知行合一篇。我們所選擇的成語都是符合正向心理學思想的，在思想的基礎上進行相對應的行為指導，以期讀者能夠從中找到解決自身問題的辦法。接下來，具體介紹一下六個類別：

第一章，家庭篇，主要圍繞家庭關係的塑造。若一個人的家庭管理良好，自然就有安全的感覺。從心理學來講，安全感又可以延伸出自尊感、愛和尊重的能力。在內，家庭成員彼此尊重，相互關愛；在外，和別人關係融洽，能夠互相尊重和理解，這就是我們一直在追求的心理和諧。所以我們把家庭關係的形塑放在第一位。

第二章，交往篇，主要圍繞人際關係的塑造展開。人際關係的和諧程度是影響人們心理狀態的首要因素。我們無論在哪裡、無論做什麼，都離不開人與人之間的來往。所以在現今社會，人們更重視人脈資本的累積和維護。因此我們把人際交往放在第二位。

第三章，成長篇，主要關注強化個人心理能力方面。正向心理學研究中的「心理資本」一詞越來越為人們所重視，被譽為超越兩大資本（社會資本、經濟資本）的第三大資本。如果一個人的內心有足夠的勇氣、善良、奉獻精神、執行力，那這個人就具備較強大的心理資本，那麼他在為人處世中就有較高的「心理彈性」，從而達到「不以物喜，不以己悲」的境界。因此我們將成長篇放在第三位，重在仁者無敵。

第四章，情緒篇，主要圍繞情緒控管能力的加強。現代社會的心理疾病非常嚴重，焦慮、憂鬱、自殺人數都在逐漸攀升。這些心理疾病不但影響人們的生活與工作，還影響人們的心理健康狀態，嚴重者甚至出現自殺傾向。但是在情緒管理過程中，人們並沒有有效的調節方法，因此我們將情緒作為一大主題，運用成語中的思維來進行情緒的管理，進而培養我們的正向情緒。

第五章，學習篇，主題圍繞如何進行有效的學習。荀子曾經說過，「要想使別人看得見自己，就要登高而招」，我們想得到別人的認可，就需要不斷地登高吶喊。所以我們需要透過學習知識來充實自己的思想、提升自己的技能。

第六章，知行合一篇，主要圍繞行動與認知的結合。人們明白的道理有很多，但是落實到行動上的卻是鳳毛麟角。以上談及的五個計策，如果人們只是知道而沒有做到，那是沒有任

何意義的。知道並且能夠做到，才是人們真正需要的。

　　撰寫本書是想拋磚引玉，如果讀者和鑽研心理學的同行們有不同的理解或方法，我們會虛心接受；如果有不甚正確之處，也歡迎大家批評指正。

第一章

家庭篇

家是什麼？眾說紛紜。

社會學家說：「家是社會的最小細胞。」

婚姻學家說：「家是風雨相依的兩人世界。」

文學家說：「家是寶蓋頭下面養著一群豬。」

……

但究竟什麼是家呢？

《說文解字》對「家」的解釋是房屋下住著的一群人。

這群人是由婚姻、血緣和收養關係連繫起來，並長期居住在一起的共同體。一開始有父母、兄弟姐妹，接著變成是有夫妻與父母的家庭結構，隨著孩子的降臨，變成三代同堂的家庭結構，隨著時間的延續，還會變成四代同堂等，子子孫孫無窮無盡地繁衍，最後形成一個龐大的家族體系。

從家庭關係來說，主要有夫妻關係、親子關係、婆媳關係等。不論哪種關係，都需要我們用心維護。家庭關係的好壞，不僅決定著我們生活的和諧與否，更是影響著我們的身心發展。

對於夫妻關係而言，每個成功男人背後都有一個默默支持他的女人，這句話同樣適用於成功的女人。

子女是家庭的未來和希望，親密的親子關係有利於孩子心理層面的健康成長。

婆媳關係歷來是影響家庭和諧的重要因素。好的婆媳關

係，子孫三代都受益；不好的婆媳關係，甚至會導致家庭破裂。

本章的家庭篇主要就是圍繞這三種關係展開的：

第一計，「孟母三遷」，關注孩子的教育。在教育過程中，透過塑造學習環境，讓孩子在體驗中成長。

第二計，「天倫之樂」，旨在促進良好的親子相處。透過良好的陪伴，建立親密的親子關係，促進孩子的成長。

第三計，「愛屋及烏」，即夫妻相處之道。夫妻相處時，要學會相互體諒、包容和愛護。

第四計，「雪中送炭」，即婆媳的相處之道，旨在婆媳相處時要站在對方的立場上想問題，及時給對方幫助與關心。

第五計，「書香門第」，即形塑家庭文化。旨在將家庭作為管道傳遞正確價值觀、傳承優良家庭文化。

第六計，「一家之計」，即規劃家庭發展計畫。

雖然以上計策在論述的過程中，會偏向以某個關係來解讀，但它們同樣適用於其他家庭關係的維護。

孟母三遷：環境與體驗是子女成材的兩大法寶

◆ 成語釋義

　　孟母三遷，原意是指孟子的母親為了使孟子擁有一個真正良好的教育環境而煞費苦心，曾兩遷三地。現在既用來指父母用心良苦，也表示一個良好的環境對孩子的成長非常重要。

　　孟母三遷，在本計策中所表達的意義，不僅是為孩子塑造良好的成長環境，更是要讓孩子意識到教育的真正意義。

◆ 成語故事

　　西漢劉向的《列女傳‧卷一‧母儀》裡說：「孟子生有淑質，幼被慈母三遷之教。」孟母三遷的故事便出自於此。

　　孟子年少時好奇心很強、貪玩並善於模仿。孟子的家原本住在墓地附近，於是他經常玩辦理喪事和蓋墳墓的遊戲、學別人哭喪。孟母見此情形，認為此地不適合兒子居住，於是舉家搬遷到集市附近定居。在集市居住期間，孟子又開始模仿商人做生意和殺豬的遊戲，孟母仍然認為此地不適合孟子居住，便再次舉家搬遷至書院附近定居下來。孟子這時開始跟著書院的儒生們學習禮節和知識，孟母見此情景十分喜悅，從此便在這裡定居下來，不再搬遷。這就是著名的孟母三遷的故事。

孟子簡介

孟子（約西元前 372 年－西元前 289 年），姬姓，孟氏，名軻，戰國時期鄒國（今山東濟寧鄒城）人。相傳他是魯國慶父的後裔，是戰國時期著名的哲學家、思想家、政治家、教育家，儒家學派的代表人物之一。政治上，他主張「法先王、行仁政」，最早提出「民貴君輕」的理念。學說上，他推崇孔子，反對楊朱、墨翟。

孟子曾仿效孔子，帶領門徒周遊各國，但不被當時各國所接受，隨後退隱與弟子一起著書。孟子與其弟子的言論彙編於《孟子》一書，是儒家學說的經典著作之一。

其地位僅次於孔子，與孔子並稱「孔孟」。

◆ 心理分析

行為主義創始人華生（John B. Watson）說過：「給我一打健全的嬰兒，在其中隨機選出一個；我可以保證，把他訓練成為我所選定的任何類型的人物 —— 醫生、律師、藝術家、商人，或者乞丐、竊賊，不用考慮他們的天賦、傾向、能力還有祖先的職業與種族。」這段話肯定了後天學習的作用，卻完全否定了環境對人的影響。

加拿大蒙特婁大學研究人員為了研究「人的好鬥性格是天生

還是後天形成的」這門課題，針對魁北克地區 223 對同卵雙胞胎和 332 對異卵雙胞胎的兒童進行了行為分析，結果表明兒童 6 歲前的攻擊行為大多與遺傳因素相關，而 6 ～ 12 歲階段的攻擊行為則主要是受環境影響。

這個研究再次證實了環境對性格的影響。現今的人們越來越重視環境，特別是在家庭教育中，什麼樣樣的親子教育、什麼樣的家庭環境才能更好地影響孩子，一直是廣大家長心中的重要疑問。

古人常說：「近朱者赤，近墨者黑」，說的便是環境對人的影響。在孟母三遷的故事中，我們再一次體會到了這種環境對人的影響。

根據史實記載，孟母三遷就發生在孟子 3 ～ 7 歲之間。在孟軻 3 歲喪父後，孟母承擔起教育孟子的責任，但她發現住在墳墓和鬧市附近，都不適合小孟軻的成長。於是她果斷地在四年之內三次搬家，最終搬到學堂附近。事實證實，在學堂良好的學習環境的影響之下，孟子終成大器。

環境何以對人的影響如此之大？這當中主要有兩個關鍵詞：環境和體驗。

1. 環境

從社會學的角度看，人是一切社會關係的總和，個人的存在與發展方式必然為一定社會條件下的人類生活（經濟生產方

式、科技發展、社會意識形態、教育文化等）所影響。也就是說，一個人身處什麼樣的環境，就會受到什麼樣的影響。

從社會心理學和生態心理學的角度來分析，孟母三遷是非常經典的環境育人的範例。何謂環境育人呢？是指在特定時代背景下，教育者按照育人目標的要求，努力自覺地營造良好的育人環境，合理地利用環境資源來進行教育的一種方法和藝術。

常言道：「言傳不如身教，身教不如文化薰陶」。文化薰陶就是人文環境對心理行為的潛移默化的影響。而藏在人文環境背後的文化則影響著人的氣質、品格。

文化指的是什麼呢？文化是人們經過長期發展，所形成的約定俗成的思想和行為方式。這種思想和行為既是先天遺傳的稟賦，即本能；又受到後天環境的影響，即社會影響。

孟子身為士族之後代，擁有其先祖得天獨厚的天賦。他雖年幼喪父，但其母按照育人目標，擇優選擇環境，三遷其家。最終以環境為鋪陳、以禮學為薰陶，成就了為後世敬仰的「亞聖」孟子。

這是環境本身帶給人的自然作用。

2. 體驗

體驗是什麼？

體驗被定義為人類的基本生存方式之一，也是一種震撼心靈、感動生命的感受方式。

　　魯迅在《花邊文學・看書瑣記》中說過：「文學雖然有普遍性，但因讀者的體驗不同而有變化，讀者倘若沒有類似的體驗，它也就失去了效力。」

　　這也就像父母對孩子說一百次「不行」，不如孩子的一次親身體驗來的真實，可見體驗是人類生存發展必不可少的環節。

　　說到這點就不得不提到「遊戲」了。從心理學的角度來說，玩遊戲不僅僅是孩子的天性，也是他們學習和成長的主要方式。當兒童玩遊戲的時候，他們也是在發展知覺與智力。

　　現在遊戲不單單是小孩的專利，也是許多成人的最愛。為什麼遊戲會如此受歡迎呢？主要是因為它能帶給人體驗感。這種體驗可以是他們生活中已有的行為，也可以是生活中不存在的行為。也正是有了這種體驗模式，才充實了人的感官體會、心靈感受。

　　然而事實上，很多家長在做一些剝奪小孩體驗的事情，像是為孩子制定各種「不行」、「不能」、「禁止」的規定和框架，有些父母甚至從小孩一出生就開始為他們規劃終生，擔任起「直升機父母」的角色。

　　所謂「直升機父母」，是指那些「望子成龍」、「望女成鳳」的父母像直升機一樣盤旋在子女的上空，時時刻刻監控他們的一舉一動。

　　那家長為什麼會剝奪孩子的體驗呢？一部分原因是愛，因

為愛孩子，怕孩子受傷，因此控制孩子的行為、剝奪他們的體驗；另一部分原因則是家長不願意承擔體驗失敗的不良後果，他們怕為這個結果買單，怕為自己製造麻煩。

其實這兩種剝奪的前提都是家長怕為此買單，只不過前者大多是心理上的單，後者大多是物質上的單。當然如果情形嚴重，這兩種單可能同時存在，這是家長最不願意看到的。

他們都理解「不經風雨怎麼見彩虹」、「溫室裡的花朵」所蘊含的意義，也知道孩子需要磨練、需要自己體驗。但他們不理解剝奪體驗對小孩和家長自身來說都是十分危險的事情，不理解體驗的剝奪將會給他們以及孩子的未來帶來多大的創傷。

研究人員針對 438 名大學畢業生的研究發現：過度控制小孩的父母，如果對小孩的關愛越缺乏，小孩的自我價值滿足感就越低，不良行為的發生率就越高。

因此，家長們需要明白的是，讓孩子體驗會比父母的苦口婆心更能讓孩子信服，它不僅能夠發展孩子的內在潛能、增長自信；還可以讓孩子獲得對事物的認知，從而形成自己的人生觀、價值觀和世界觀。

另外，在體驗過程中，親子之間的互動既能讓父母和孩子加深對彼此的了解、促進親子關係和諧，還能讓父母和孩子一起學習、一起成長。這種體驗式的教育的意義是其他的教育形式並不具備的，也是無可替代的。

◆ 幸福之計

在家庭的親子教育過程中，要特別注意兩點：環境塑造和體驗教育。

1. 環境塑造

環境塑造不僅包括家庭環境，也包括家庭之外的其他環境。

在家庭環境的塑造方面，由於家庭的經濟狀況暫時無法改變，所以我們需要塑造的是家庭的人文環境。為了營造良好的人文環境，父母的行為舉止是最先要改變的。父母身為孩子的第一位老師，更是孩子的第一個榜樣。正如「有其父必有其子」，父母的人文能力在相當程度上影響著孩子未來的發展。

如果家長想培養孩子讀書的興趣，家長不僅要在家中陪孩子一起閱讀、營造讀書氛圍，還要經常帶孩子去圖書館之類的公共閱讀場所，以及一些諸如博物館之類的藝術氛圍濃厚的場所，以激發孩子的求知慾和閱讀興趣。

2. 體驗教育

家長在安全可控的環境之下，要給予孩子體驗空間。當然由於孩子的經歷尚淺，思想方面也尚未發育成熟，所以犯錯是在所難免的，但是只要孩子的犯錯是在法律與道德標準允許的情況下，家長都要允許孩子犯錯。

允許孩子犯錯，並不是說家長要對子女不管不問，而是在

孩子對自己所犯的錯誤有所體會的時候，家長要及時告知正確的方法、及時糾正孩子的問題。

就像剛剛學習走路的小孩一樣，難免會摔倒，但是家長要給他們摔倒的機會，也許兩次、三次、四次……甚至十次，只要沒有受傷之類的情形出現，家長都不需要去管他們。之後家長就會發現，孩子慢慢地學會了走路，並且越走越穩、越走越快。

◆ 注意事項

在孩子體驗的過程中，家長切記不要將孩子的體驗與環境分開。因為體驗是在環境中進行的，只有孩子親自體驗過，家長才知道這個環境是不是適合小孩。

就像孟母三遷一樣，在孟子體驗不同的環境之後，孟母才能在最後選擇出最適合他成長的住處 —— 學堂。

天倫之樂：唯有陪伴才能建立親密關係

◆ 成語釋義

天倫指老一輩和後輩有血緣親屬關係。天倫之樂就是老一輩和有血緣關係的後輩相處得快樂。

本計策旨在調節親子關係，透過家庭成員的互相陪伴，建立和諧融洽的親密關係。

◆ 成語故事

天倫本指兄先弟後，天然倫次，故稱兄弟為天倫；後泛指父子、兄弟、夫妻等親屬關係，所謂家庭團聚一堂的歡樂。很多名著中都有提到這一成語。《紅樓夢》第七十一回中寫道：「悶了便與清客們下棋吃酒，或日間在裡邊，母子夫妻，共敘天倫之樂。」《二十年目睹之怪現狀》第二十六回中寫道：「一家人只要大節目上不錯就是了，餘下來便要大家說說笑笑，才是天倫之樂呢。」

天倫之樂這一成語最早出自唐代詩人李白的〈春夜宴從弟桃花園序〉：「會桃花之芳園，序天倫之樂事。」

李白簡介

李白（701 年－762 年），字太白，號青蓮居士，又號「謫仙人」，是唐代浪漫主義詩人中最具代表性的偉大詩人之一，被賀知章稱為「詩仙」，其詩大多以描寫山水和抒發內心的情感為主，詩風雄奇豪放。他的代表作有〈望廬山瀑布〉、〈行路難〉、〈蜀道難〉、〈將進酒〉、〈梁甫吟〉、〈早發白帝城〉等。

　　李白與杜甫並稱為「大李杜」、李商隱與杜牧並稱為「小李杜」。他為人爽朗大方，愛飲酒作詩，詩作多在醉時所寫，喜交友。

　　李白出生於盛唐時期，他的一生絕大部分時間都在旅行中度過，遊歷了大半個大唐帝國。

◆ 心理分析

　　家，永遠都是我們最眷戀、最懷念的地方。一直以來，人們對於家的描述，向來都是讚美之詞溢於言表，諸如父慈子孝、其樂融融等成語，「溫暖的港灣」、「避風港」、「天堂」等象徵語。更有眾多名人發表對家庭眷戀的言論，如《烏托邦》(*Utopia*) 作者湯瑪斯・摩爾 (Sir Thomas More) 曾說，「走遍天涯覓不到自己所需要的東西的人，回到家裡就發現它了」。華盛頓也說過，「讓孩子感到家庭是世界上最幸福的地方，這是以往有涵養的大人明智的做法。這種美妙的家庭情感在我看來，和大人贈給孩子們的那些最精緻的禮物一樣珍貴。」

　　近年來，隨著親子節目的走紅，親子關係儼然成為當今社會的熱門話題。而根據研究發現，現在的親子教育中存在諸多問題：

　　許多家長不能正確理解「愛」的真諦，不自覺地把成人的恐懼、貪婪、功利心當作「愛心」傳輸給孩子；育兒焦慮、教育過

度現象依然存在；體現出家族文化傳承影響的「隧道效應」依然
明顯，而家長對此往往沒有意識到。

在親子教育中，如何建立良好的親子關係、如何陪伴孩子
等問題已經成為熱門話題，這也是為什麼我們要強調「天倫之
樂」的原因。

在追求「天倫之樂」的過程中，需要凸顯兩點：第一是親密
關係，特別是親子之間的親密關係；第二是陪伴，主要是親子
陪伴。

首先，我們先了解一下什麼是親密關係。在心理學中，親
密關係指的是不限性別、年齡的兩人之間和諧融洽的關係。家
庭中的親密關係包括夫妻關係、親子關係、祖孫關係、兄弟關
係等，但對人際關係影響最大的當屬親子關係。

親子關係的好與否決定著社會化過程是否順利，也決定著
社會化可能達到的水準。社會化過程是人適應社會環境的過
程，一個人的環境適應能力影響著一個人的發展廣度。所以親
子關係在一個人成長的過程中發揮著重要作用。

那麼在親子教育過程中，如何才能建立親密的親子關係
呢？常言道：「陪伴是最長情的告白。」在親子關係的建立過程
中，親子陪伴是必不可少的，許多研究結果都顯示，缺乏家長
陪伴的兒童發生問題的機率比有父母陪伴的兒童高得多。

透過陪伴增強親子關係的過程，其實是依附關係建立的過

程。依附主要產生於嬰兒與其父母的相互作用過程，是親子感情上的連結和紐帶，並且依附可以加強孩子的環境適應能力並提高嬰兒生存的能力。

那什麼是親子陪伴呢？親子陪伴包括兩層意思，一是「陪」，父母跟隨孩子，陪同孩子做適合小孩年齡發展需求的事情；二是「伴」，父母和孩子在一起，不僅要為子女的發展提供支持，還要透過與孩子互動，不斷反思自己、實現自我成長。相關調查顯示，現在越來越多的家長理解了陪伴對於孩子成長的重要性，也樂於空出時間陪伴孩子。

2017 年，網路調查結果顯示，69％的父母是自己帶小孩，28.7％的父母是把小孩交由長輩帶著，僅有 2.3％的父母會請保母帶孩子。而超過半數的（52.5％）父母每天花 2 個小時以上的時間陪伴孩子，如果在週末，有近半數（47.7％）父母會選擇帶小孩出門玩。同時在陪伴的過程中，84.6％的父母都認為傾聽孩子的需求是非常重要的；93.3％的父母認為更多的陪伴可以讓孩子的人格更加完善。

然而在實際的陪伴中，陪伴的品質卻成為眾多家長為之苦惱的大問題。調查指出家長在關心孩子身心健康的同時卻忽視了陪伴的品質，口頭上說重視親子陪伴，但實際上並沒有付出行動，尤其是父親的角色，陪伴少得可憐。在父母心中，準備房屋、保險等「物質陪伴」比時間陪伴來得更實際、更長遠。

　　由此可見，提高家長的陪伴技巧尤為重要。那什麼才是高品質的親子陪伴呢？有一個詞叫「活在當下」，雖然這個詞是告誡人們要珍惜現在，但是也同樣適用於親子陪伴。父母對孩子的陪伴要在當下，和孩子的交流互動也要在當下。

　　許多父母在陪伴孩子的過程中，只關注於自己的事情，做家事、玩手機等，與小孩的交流並不多。在他們看來，只要和小孩在同一個空間裡就是對孩子的陪伴。其實這是父母對陪伴的最大誤解。陪伴一定要身心俱在。「身在」除了要真實陪伴在孩子身邊，還要和他們交流、互動，如給予他更多親吻、擁抱、撫觸等身體接觸；「心在」是指心無雜念，這一刻就是要陪伴孩子，不能被別的事打擾，要專注於當下的陪伴。

　　事實上，許多小孩喜歡調皮搗蛋，而這都是源於父母的關注不夠，孩子的行為只是為了引起父母的注意罷了。

　　另外，在陪伴的過程中，父母雙方一定要有一致的教育理念，避免在小孩面前發生爭執。如果父母雙方觀點都不一致，吵吵鬧鬧的，那要怎麼陪伴孩子呢？父母之間的相處模式對孩子以後的人際發展會產生很大的影響，它甚至會成為孩子以後人際交往的模板，所以父母要注意自己當下的言行，父母相親相愛是給孩子最好的禮物，也是孩子學習愛、感受愛的泉源，這種無形的陪伴甚至比身心陪伴更有利於孩子的成長。

　　其實不管是身心陪伴，還是父母相親相愛的關係陪伴，都

能使親子關係更加親密和諧，在陪伴過程中傳遞給孩子的愛和
信任更是子女一生受用不盡的財富。

◆ 幸福之計

在家庭教育的過程中，陪伴是建立親密關係的法寶，所以
享受「天倫之樂」重在陪伴。那麼，家長們可以使用哪些方法來
更好地陪伴孩子呢？

1. 制定陪伴計畫

父母制定一個計畫，規定親子的陪伴時間，比如約定一
週、半個月或者是一個月，家庭內所有成員參加一次團體活
動，可以是一起去公園郊遊，也可以是參加娛樂活動，當然還
可以自己舉辦一些遊戲。

2. 平時陪伴

平時要規劃好親子陪伴時間，陪伴時間可以有一個主題設
定，如親子閱讀時間、讀書時間、遊戲時間等。最好每天都有
一段陪伴時間，無論長短，只要有交流即可，並且在陪伴時最
好父母都在場。如果情況不允許，至少要保證爸爸或者媽媽有
一方有時間陪伴孩子。

3. 陪伴主題

親子陪伴時，可以根據孩子的年齡以及成長需求，制定不

同的親子教育主題。例如：為了培養孩子的冒險精神，陪他去
參加野外的露營等。

◆ 注意事項

第一，父母在陪伴孩子的過程中，盡量和孩子的行為保持
一致。做到以身作則，充當孩子的學習榜樣。切忌在陪伴的過
程中，人在心不在。

第二，父母在陪伴孩子的過程中，要注意身分的轉化。父
母切忌端著成人的身分，對孩子居高臨下地下達命令。例如：
父母在與孩子玩遊戲時，是孩子的遊戲玩伴。而與孩子在一起
學習時，則是嚴師以及同伴的身分。父母要以平等的身分對待
孩子、尊重孩子的選擇。

第三，在陪伴過程中，父母要盡量避免在孩子面前做出一
些負面的行為，比如講髒話、背後議論別人、將孩子與別人比
較、言行不一等，而應該表現出更多積極的行為，比如讚美、
鼓勵等言行。

愛屋及烏：婚姻中需要包容

◆ 成語釋義

愛屋及烏，字面意思是因為愛一個人而連帶愛他屋上的烏鴉。後來人們常用來比喻愛一個人而連帶地關心與他有關的人或物。

本計策表示，在夫妻相處時，寬容和包容是非常重要的，既然愛他就要尊重他的家人。

◆ 成語故事

「愛屋及烏」出自漢伏生的《尚書大傳・大戰》：「愛人者，兼其屋上之烏。」比喻愛一個人而連帶地關心跟他有關的人或物。

傳說，殷商末代的商紂王是個窮奢極欲、殘暴無道的昏君，百姓怨聲載道。姬昌的兒子即周武王繼承王位後，順應民情、深受百姓愛戴。在姜太公和兩個弟弟的幫助下，周武王積極練兵，並聯合其他諸侯國共同伐紂。雙方在牧野展開大戰，武王的軍隊越戰越勇，而紂王的軍隊早就不想再為喪心病狂的紂王賣命了，他們喪失了軍心，扔掉了手中的武器，紛紛投奔周武王。這時，周武王的軍隊乘勝追擊，很快攻克了商的副都朝

歌，紂王走投無路，在鹿臺點火自焚，商朝就此滅亡。

　　周武王攻克朝歌之初並未感到輕鬆，因為他如果想盡快結束戰亂、安定天下，就必須首先安頓好紂王留下的軍隊。但是對於如何處置商朝遺留下來的權臣貴族及官宦將士、能不能使局面穩定下來，武王心裡並不肯定，因此感到十分擔憂。為此，他請姜太公等人前來商議。

　　姜太公說：「我聽別人說，喜歡一個人，就會連帶著喜歡他屋頂上醜陋的烏鴉；而憎恨一個人，就算是看到他家的牆壁，也會深惡痛絕。這句話說得很明白，大王應該殺掉舊朝的那些將士，斬草除根，才可以穩住大局，從而統治天下。」

　　周武王不同意姜太公的意見，就問周公旦。

　　周公旦說：「大王既然取得了天下，就應該以仁德來感化百姓，既不偏愛自己的親友部下，又能尊重其他人，這樣才能贏得民心。依我看，應該讓紂王的部下回家務農，與家人團聚。這樣既除去了敵對勢力，又讓他們各得其所、安居樂業，大王覺得如何呢？」

　　武王聽後非常高興，豁然開朗，認為自己終於得到了安邦治國的良策，於是就按周公旦的建議治理天下。從此，百姓安居樂業、民心歸附，周朝更加強大了。

　　武王雖然沒有採納姜太公的建議，但「愛屋及烏」卻成為千古流傳的一句成語。

姜太公簡介

姜太公（約西元前 1156 年－約西元前 1017 年），姜姓，呂氏，名望，字子牙，號飛熊，他的祖先曾受封於「呂」地，故又名「呂尚」，河內郡汲縣（今河南衛輝市）人。他是傑出的政治家、軍事家、思想家，儒、道、法、兵、縱橫諸家皆將他視為本家人物，故被尊為「百家宗師」，是周朝的開國元勳，商末周初兵學的奠基人。

姜子牙垂釣於渭水之濱，遇見西伯侯姬昌，被拜為「太師」（武官名），尊稱太公望，從此成為姬昌伐紂滅商的首席智囊，輔佐姬昌建立霸業。西伯侯姬昌逝世，其子周武王姬發即位後，尊其為「師尚父」。姜子牙成為周國軍事統帥，人稱姜尚。輔佐武王消滅商紂，建立周朝後，姜子牙便被封為齊侯，定都於營丘，成為姜氏齊國的締造者、齊文化的創始人。他輔佐周公旦，平定內亂、開疆擴土、建立成康之治。周康王六年，姜子牙卒於鎬京，長子姜伋嗣位。

後世對其推崇備至，歷代皇帝和文史典籍尊其為兵家鼻祖、武聖、百家宗師。唐肅宗時期，追封他為武成王，設立武廟祭祀。宋真宗時期，他被追諡昭烈。

◆ 心理分析

　　愛情容易使人變得盲目。人們會因為喜歡上一個人，便只能看到對方身上的優點、忽視對方的缺點，有時候即使知道那個人劣跡斑斑，也會因為愛他，而對他進行美化。

　　從社會心理學的角度來講，這種現象叫做「光環效應」。光環效應又稱月暈效應，它是一種影響人際知覺的因素。這種強烈知覺的特點就像月暈的光環一樣，向周圍瀰漫、擴散，所以人們就稱這種心理效應為光環效應。和光環效應相反的是惡魔效應，即對人的某特質或對物品的某特性有壞的印象，會使人對這個人的其他特質或物品的其他特性的評價偏低。名人效應就是一種典型的光環效應。

　　在戀愛初期的兩個人，容易將對方的優點放大、放亮，讓那些缺點都顯得微不足道，但是在相處一段時間後，就會發現「這人怎麼都是缺點，實在是受不了」，甚至還認為「當初自己瞎了眼，被他騙了」。殊不知這只是我們的認知回歸正途、自己能夠看清愛人的另一面罷了。

　　對另一半不好的一面，我們實在沒辦法接受的話，小吵小鬧就開始了，唇槍舌劍就上演了，耳鬢廝磨就不見了，當初的親密感也就慢慢消失了。鬧離婚、想分居的念頭就一個個蹦出來了。

　　其實現在大多的婚姻問題，都是源自於不包容。我們做不

到愛一個人，也要愛他的不完美；做不到，愛一個人魁梧的身軀，也愛他堅持踩在腳下的土地。

在婚姻家庭中，丈夫與妻子不僅要互相遷就，而且還要在理想與現實之間互相妥協。家是講情的地方，不是講理的地方。一位哲人說：「結婚前要睜大你的雙眼，結婚後就要閉上一隻眼睛。」這句話是何其有道理。

相信很多人都聽過莫文蔚的歌曲《當你老了》，也被裡面的真情所感動，「多少人曾愛你青春歡暢的時辰，愛慕你的美麗，假意或真心，只有一個人還愛你虔誠的靈魂，愛你蒼老的臉上的皺紋。」這是多麼深刻的愛情，既愛對方的美麗，也愛對方蒼老的臉龐。

一個人不可能十全十美。你之所以會喜歡一個人，一定是這個人的某一點吸引了你，才讓你傾心。

如果你深愛一個人，那麼就要學會寬容他（她）。反過來，如果你恆久地寬容一個人，那麼你一定非常愛他（她）。

◆ 幸福之計

1. 尊重

我們想穩固自己的婚姻，最重要的一條法則是學會尊重。只有懂得尊重對方，才能得到對方的尊重。同時，還要尊重對方的父母、兄弟姐妹以及對方的親朋好友。

那些我們不能習慣的生活習慣或處事方式，我們也要做到適當的尊重。如果我們因此而瞧不起對方的家人，更有甚者將對方家人視為自己的敵人，這種做法不僅會使自己陷入孤立無援的境地，還會對婚姻的穩固造成致命傷害。

2. 成長

夫妻之道似乎可歸納為兩個原則，一是「努力使自己被對方欣賞」；二是「努力去欣賞對方」。愛情的真正魅力在於互相欣賞。如果我們想要對方變成我們所希望的那樣，我們首先要做到的就是先讓自己成長，從而透過互相影響的模式，使對方得到成長。

夫妻雙方來自不同的成長背景，總會有不一樣的地方。共同成長會讓夫妻之間更加了解，夫妻情感也會更加融洽。

3. 給予

愛是給予，不是索取。我們大多數人將愛看成是「被愛」，而不是「去愛」，只想著如何讓自己得到更多愛，而不是主動地學會如何去愛對方，怎樣去關心對方的心理需求。真正的愛是傾其全身心的「我給」而不是「我要」，是以自己的生命力去激發對方的生命力。

給予比接受更快樂，因為給予的過程肯定了自我的存在。愛對方，就要給予對方一定的物質空間和情感空間。

◆ 注意事項

在夫妻相處的過程中，我們要接受對方的不足，但在一些原則問題上，是絕不能妥協的，如家庭暴力、違法行為等。

雪中送炭：婆媳相處的祕籍

◆ 成語釋義

雪中送炭本意是指在下雪天給人送炭取暖。後來比喻在別人急需時給予物質上或精神上的幫助。

此詞用在婆媳相處層面，是指當對方需要幫助或處於某種特殊時期時，另一方要適時地幫助對方，真心為對方著想。

◆ 成語故事

范成大是南宋時期的著名詩人，晚年在故鄉蘇州石湖邊隱居，因此自稱石湖居士。他一生中寫過許多詩歌，而且詩作風格多元，其中以清新、典雅為主要特色。在他留下的《石湖居士詩集》中，包含了許多著名的詩句。在他的〈大雪送炭與芥隱〉詩中有這樣兩句：「不是雪中須送炭，聊裝風景要詩來。」成語「雪中送炭」就是從范成大的這首詩句中簡化而來的。

在《宋史・太宗紀》中記述了這一個故事：有一年冬天，下了一場非常大的雪，天氣變得十分寒冷，人們都躲在屋裡避寒。宋太宗正在寢宮中休息，穿著狐狸皮外套，一邊烤火取暖，一邊品嘗著各式各樣的美味佳餚。當他看到窗外飄著紛紛揚揚的大雪時，忽然想起了那些可憐的窮人，他們吃不飽、穿不暖，正在大雪中挨餓受凍。於是宋太宗馬上派出手下的官員，帶上許多糧食和木炭，出了皇宮，來到老百姓們生活的地方，把糧食和木炭送到那些窮人和孤苦伶仃的老人手中，這樣一來，他們就能有米煮飯，有木炭生火取暖了，受到救助的人們都很感激。於是，歷史上便留下了「雪中送炭」的佳話。

宋太宗趙光義簡介

宋太宗趙光義（西元 939 年－ 997 年），字廷宜，宋代的第二位皇帝。本名趙匡義，後因避其兄宋太祖名諱改名趙光義，即位後又改名趙炅。

開寶九年，宋太祖駕崩後，趙光義登基為帝。

趙光義即位後以政治壓力迫使吳越王錢俶和割據漳、泉二州的陳洪進於太平興國三年納土歸附。次年親征太原、滅北漢，結束了五代十國的分裂割據局面。兩次攻遼，企圖收復燕雲十六州，都失敗，從此對遼採取守勢，並且進一步加強中央集權。

趙光義即位後，繼續進行統一宋朝的偉業，鼓勵墾荒、發展農業生產、擴大科舉取士規模、編纂大型類書、設考課院、審官院，加強對官員的考察與選拔，進一步限制節度使的權力，力圖改變武人當政的局面，確立文官政治，改變唐末以來重武輕文的陋習。這些措施順應歷史潮流，為宋朝的穩定貢獻。

趙光義在位共 21 年。至道三年（997 年），趙光義去世，廟號太宗，諡號至仁應道神功聖德文武睿烈大明廣孝皇帝，葬永熙陵。

◆ 心理分析

古今中外，婆媳之間普遍存在衝突。常言道「女人何苦難為女人」，但是婆媳之間的相處往往就像一場沒有硝煙的戰爭，為家庭籠罩上了一層厚重的「霧霾」。

《孔雀東南飛》中寫道：「十三能織素，十四學裁衣，……非為織作遲，君家婦難為！妾不堪驅使，徒留無所施。便可白公姥，及時相遣歸。」描述了傳統社會中女子與婆婆之間的矛盾。劍橋大學心理學研究者泰莉・艾普特（Terri Apter）在傾聽了 163 個人的婆媳故事後，寫成《你想從我這得到什麼？》（*What Do You Want from Me?*）一書。在她調查的案例中，有 60% 的受訪女性認為與婆婆之間的矛盾讓她們長期感到有壓力。

　　婆媳為什麼容易有矛盾衝突？造成他們之間矛盾衝突的點在哪裡呢？

1. 認知衝突

　　婆媳雙方出生、成長於兩個不同的時代，對於事情的認知肯定會存在不同之處。生活中常見的婆媳矛盾主要集中在三個方面：生活習慣、男女地位及親子教育。

2. 情感衝突

　　婆婆、丈夫、媳婦這三者的關係極為微妙。婆婆和丈夫的血緣關係，丈夫與媳婦的親密關係，使這三個人同處在一個屋簷下。由於婆婆與丈夫是血濃於水的親情，媳婦與丈夫是相濡以沫的愛情，丈夫與哪一方都是不能分割的。所以，婆婆和媳婦都認為對方是自己情感中的「第三者」，都在爭奪丈夫的擁有權。

3. 個性衝突

　　年輕一代是個性張揚的一代。婆婆和媳婦身為不同時代的兩個女人，共同生活在一個屋簷之下，難免會發生紛爭。

　　雖然婆媳之間有許多衝突，但並不是沒有辦法解決。外在的幫助、協調，會有一定的幫助，但更多的只是治標不治本，只有婆媳雙方共同助力，才能從根本上解決婆媳問題。

　　如果婆媳雙方牢記並且做到「雪中送炭」，婆媳相處就不是什麼難事了。那如何做到「雪中送炭」呢？就是當婆婆或媳婦處

於特別時期時，要及時地送上關心和援助之手。

對於媳婦來說，特殊時期就是懷孕前後的時間段。女人在分娩前後，生理與心理都處於緊張期，這時她們特別希望有人陪伴自己、理解自己、關心自己。我在進行諮詢的過程中，也發現婆媳衝突的根源大多就在於婆婆在媳婦生小孩期間，沒有進行及時的關心和幫助，甚至還對媳婦百般挑剔。

要知道，人們天生對不好的事情比較敏感。可能記不住別人對自己的好，但我們總是念念不忘別人對自己的壞。在媳婦最脆弱的時候，婆婆沒有「雪中送炭」，甚至還「雪上加霜」，那兩人怎麼可能和平相處呢！

同樣地，在婆婆遭遇一些不幸之事時，媳婦也要適時地陪伴、開解。常言道，「老小老小，越老越小」。婆婆是家中的長輩，當媳婦的要學會尊重婆婆、理解婆婆、陪伴婆婆，給予婆婆心靈上的溫暖，這比任何物質上的關懷都更重要。

婆媳之間為什麼要做到「雪中送炭」呢？這裡面到底蘊藏著什麼樣的玄機？接下來就為大家揭曉。

2002 年諾貝爾經濟學獎得主丹尼爾・康納曼（Daniel Kahneman）將心理學的深度洞察力應用於經濟學的研究中，提出了「峰終定律（Peak-End Rule）」。所謂的「峰」和「終」是兩個關鍵時刻的感受，通俗來講，就是人們常說的「一次不好，百次無用」。

　　在人際關係中，關鍵時刻的幫助往往會讓人記憶更深刻，也更容易令人心存感激，這時候的一次「雪中送炭」，比得上百次、千次的「錦上添花」。而在關鍵時期的傷害，對人的傷害是最深的，也會容易導致心結的產生，並且這種心結也最不容易消除。

　　媳婦生產就處於人生的關鍵期，婆婆此時的「雪中送炭」能夠發揮其最大的威力。當然「雪中送炭」並不僅僅局限於婆媳關係中，在其他的諸如夫妻關係、朋友關係之中，「雪中送炭」也是一劑良方。

◆ 幸福之計

　　婆媳的相處之道，有兩方面：

1. 平時的相處

　　關懷和被關懷是人類的基本需求，同樣人也需要被接受、被承認、被理解、被給予和被尊敬。婆媳在平時的相處中，就要相互尊重、互相接納，即使兩者性格不合，也可以自在快樂地生活。

　　只要有愛心，就能打造出和諧平等而又親密無間的新型婆媳關係。

2. 患難時的相處

　　患難時刻見真情。特別是在女人生育前後、在工作打拚之時、在經歷人生的不幸時，婆婆和媳婦如果能夠給予對方幫助

與關懷，一定會讓婆媳之間化干戈為玉帛，甚至還會培養出母女情。

當然婆媳的相處之道，並不僅僅只是「雪中送炭」，更多的是在平時相處中，互相理解、互相包容、互相尊重。

請謹記，如果你愛你的先生／孩子，請你也愛他愛的人。

◆ 注意事項

婆媳相處中，除了尊重包容之外，還需要感恩。如果時常懷著感恩的心與對方相處，設身處地為對方著想，你就會發現，其實所有的衝突並沒有想像的那麼嚴重。

書香門第：家風營造者

◆ 成語釋義

「書香」是指古人為防止蠹蟲咬食書籍，便在書中放一種藝香草，這種草有清香氣，夾有這種草的書籍開啟後清香襲人。「門第」是指天子門生。「書香門第」舊時指出自讀書人家庭，現在泛指好的家庭背景。

在本計策中，主要是指在家庭教育時，家長要注意家風、家教的形塑以及優良價值觀的傳承。

◆ 成語故事

　　書香門第舊時指出自讀書人家庭，現在泛指好的家庭背景。出自清朝文康《兒女英雄傳》第四十回：「如今眼看書香門第是接下去了，衣飯生涯是靠得住了，他那個兒子只按部就班的也就作到公卿。」

　　專門來講，書，泛指四書五經，是傳承智慧的書。香，指的是家裡有祠堂、家廟、家譜。門，指的是家族的地位在社會上得到認可。第，指的是家裡每100年就出一個對社會有重大貢獻的人。這樣的家族可以稱得上是書香門第。

　　書香，古時的讀書人家，一般都有較多書籍。古人為了更好地存放這些書籍，更有效地防止這些書籍出現黴變、蟲蛀等問題，一般用常見的樟木來製作成書箱從而更好地存放書籍，或用製作家具後剩下的樟木片，放在大量書籍的間隙中；還有一種防蛀方法，就是在書中放一種叫藝香草的中藥。無論放藝香草還是樟木片，放這些草木的目的都是讓蛀蟲聞到它們的氣味就會遠離，讓書籍得到更好的保護，十年如一日，就好像新書一樣。所以，書香是指書中文雅的氣息。

◆ 心理分析

　　從古至今，人們對於「書香世家」無不神而往之。這不僅是源於人們對於知識的渴望，更多是因為書香門第之家的深厚文

化底蘊，可以使後輩受益無窮。

　　書香門第的家庭在引導小孩學習時，較能從上一代的讀書經驗中汲取資訊，把握哪些書可以讓小孩修身養性、哪些書可以讓小孩安身立命、哪些書可以把小孩培養成經國濟世的大人才。有了「書香」引導，這種家庭培養出來的孩子不僅知書達理，而且眼界遼遠開闊，人生成就更是讓人欽羨不已。

　　你看，古有司馬談、司馬遷父子，班彪、班固、班昭一家，蔡邕、蔡文姬父女，曹操、曹丕、曹植「三曹」，王通、王勃祖孫，杜審言、杜甫祖孫，蘇洵、蘇軾、蘇轍「三蘇」等。近現代以來，也有陳寶箴、陳三立、陳寅恪祖孫三代，錢鍾書家族，梁啟超家族等。這些家族的成功都是源自於優秀的家風。

　　那什麼是「家風」呢？家風是一個家庭的傳統風習，是世代相傳逐漸形成的生活作風、生活習慣、生活方式的總和。家風往往是在潛移默化中形成的，且和家教有著密切連繫。

　　正如隋代顏之推在《顏氏家訓‧治家篇》中說的那樣：「夫風化者，自上而行於下者也，自先而施於後者也。是以父不慈則子不孝，兄不友則弟不恭，夫不義則婦不順矣。父慈而子逆，兄友而弟傲，夫義而婦陵，則天之凶民，乃刑戮之所攝，非訓導之所移也。」其就是強調父母、長者的表率作用。

　　家風的形成主要依託家教，也就是透過家庭長輩們的言傳身教，對晚輩們產生潛移默化的教化作用，從而把道德規範、

原則傳遞給晚輩們，使晚輩們的行為合乎道德要求。家教可以說是最基礎、最直接、最有效的教育方式。

　　傳統社會高度重視家風家教，其中「孟母三遷」、「岳母刺字」、「畫荻教子」等故事廣為流傳，《顏氏家訓》、《朱子家訓》、《溫公家訓》、《袁氏世範》等也備受世人推崇。在現實生活中，人們對那些行事沒有規矩、處事無章法的人，大多也會歸因於他的家教問題，說他們「沒有家教」或「家教有問題」。

　　在家風的傳承過程中，好的家風是可以世世代代流傳的。通常來說，人們會將家風中的核心內容一直傳承下去，但在具體的行事規則上，會隨著時代的更替做出一定的調整。

　　何以家風能夠對人的影響如此之大呢？這是因為家庭是個人成長過程中所接觸的第一個社會環境，也是首要環境。家庭的狀況影響並決定著孩子以後的行為表現。

　　現今，由於時代的變遷，許多人基本上是沒有家族觀念的。他們沒有書香門第的背景，也不是貴族出身，缺乏先天的文化土壤。唯一能彌補的就是營造書香門第的家庭氛圍，讓孩子從小與經典同行，與聖賢為友，站在好的起跑點上開創自己的人生。

◆ 幸福之計

在家庭中制定適合的家訓，並且落實家訓的傳承，但在制定家訓過程中，需要做到以下兩點：

第一，如果已有家族傳承的家風、家訓，可以繼續傳承使用，倘若家族內沒有固定的家風家訓，則可以根據歷史上一些著名的家風、家訓作為自己的家訓。但是在家訓內容上，應選擇對每個家庭成員都適用的。

第二，家訓的內容應該符合時代的發展，有利於孩子的成長，且是長時間適用的。例如可以把傳統且現今社會也適用的美德，如自律、公正、慷慨等設定成自己的家風、家訓。

◆ 注意事項

第一，家風文化可以根據孩子成長的需求進行調整，但是要確保核心內容穩定不變，比如說為人處世等基本原則的要求不能變。

第二，家長是家風的主持者以及維護者，既要做到以身作則，也要嚴格要求其他家族成員，決不能因為親情而睜一隻眼閉一隻眼，要做到一視同仁、互相監督。

一家之計：家庭規畫

◆ 成語釋義

一家之計，原意是一夫一妻的家庭。

本計策用「一家之計」，是指對家庭生活進行規劃。

◆ 成語故事

一家之計，出自元朝關漢卿《竇娥冤》第二折：「人命關天地，別人怎生替得？壽數非於今世，相守三朝五夕，說甚一家一計。」

關漢卿簡介

關漢卿（西元 1234 年前－西元 1300 年左右），「漢卿」是字，號已齋（一齋、已齋叟），解州（今山西省運城）人，另有籍貫大都（今北京市）和祁州（今河北省安國市）等說。元雜劇奠基人，「元曲四大家」之首，與白樸、馬致遠、鄭光祖並稱為「元曲四大家」。

關漢卿的雜劇成就最大，今知有 67 部，現存 18 部，個別作品是否為他所作，無定論。最著名的是《竇娥冤》。關漢卿也寫了不少歷史劇，如《單刀會》、《單鞭奪槊》、《西蜀

夢》等；散曲今存小令四十多首、套數十多首。關漢卿塑造的「我是個蒸不爛、煮不熟、搥不匾、炒不爆、響璫璫一粒銅豌豆」（《一枝花・不伏老》）的形象也廣為人知，被譽為「曲聖」。

◆ 心理分析

在現代，人們的婚姻大多是找一個相伴終生的伴侶。無論富貴貧窮，無論健康疾病，無論人生的順境逆境，在對方最需要的時候，都能不離不棄直到永遠。

愛情是美好的，每個人都渴望婚姻誓詞中的相攜到老。但在家庭的長久發展中，愛情並不是萬能的，它還需要有「柴米油鹽醬醋茶」所組成的物質基礎。當然除了物質，還有心理層面上的追求。現在的家庭紛爭多半是由於夫妻雙方生活方式、心理追求和不一致的價值觀造成的。

在《增廣賢文》中有一句話：「一年之計在於春，一日之計在於晨，一家之計在於和，一生之計在於勤。」這就是說，一年中最關鍵的時間是春天，一天中最關鍵的時間是在黎明；一個家庭最寶貴的東西是和睦，一個人要成功最重要的東西是勤奮。要想留住家庭中最寶貴的東西 —— 和，我們既要在平時和睦相處，也要學會規劃，為長久的和睦做好打算。

為什麼家庭需要規劃呢？從認知心理學的角度來說，任何

行為的產生和改變，都是在一定的心理機制作用下發生的，人
們的心理需求會對行為產生導向作用。正所謂「沒有規矩不成方
圓」，一個實際而有效的規劃，能夠使人堅定清楚地明白自己的
心理需求，並且能使人在規畫實行的過程中有方向做參考，不
至於半途而廢。

　　家庭規畫是夫妻雙方共同參與、制定的，並且雙方都認同
的，這樣可以減少由於原生家庭差異所帶來的衝突。透過此規
畫的實行，家庭生活具備了一定的秩序，夫妻生活也會趨於一
致，紛爭就會相應減少。

　　現在很多夫妻在準備孕育下一代前，都進行了詳細規劃，
如規劃調整身體的方案以及懷孕的最佳時期。這樣不僅可以使
孩子受益，也能避免孕婦遭受太大的妊娠反應。另外，關於小
孩的撫養費用問題，以及小孩出生以後需要怎麼餵養、怎麼教
育，這些都是需要經過深思熟慮的。

　　所以，一個家庭正常有序的發展是離不開計劃的，不論從
維護夫妻關係的角度來說，還是從子女的生養、教育角度來
說，規劃都是必需的。那我們在進行規劃的過程中，需要做到
哪些呢？

　　第一，做到統籌兼顧。在規劃的過程中，要根據家庭的實
際狀況以及家庭發展需求方面進行統籌，達成促進家庭關係和
個人成長的需求。

第二，堅持以人為本。把家庭成員的需求滿足、自我實現和生活品質提升作為一切家庭計畫的出發點和重點。

第三，堅持實事求是，綜合考慮家庭、社會、工作的各項現實因素，將計畫建立在合理的基礎上，提高家庭計劃的可行性和持續性。

◆ 幸福之計

家庭規劃的目的是以家庭幸福為主題，旨在滿足個人需求和自我實現的基礎上，營造幸福和諧的家庭氛圍，增強家庭的凝聚力，提高家庭的生活品質，建立出和諧、溫馨、美好的幸福家庭。

進行家庭規劃時可以從以下幾個方面進行：

1. 關愛型家庭

尊老愛幼、互愛互助，透過家庭活動、溝通關愛、共同育兒、共處陪伴等。密切關注自己以及配偶、子女、老人的生活狀況，提升全體家庭成員的滿足感、幸福感。

2. 健康型家庭

透過健康的生活方式和習慣，促進家庭成員的身體健康。例如，家庭成員一起鍛鍊身體以及進行各種戶外運動等。

3. 理財型家庭

發揮家庭成員的聰明才智，化知識為力量，透過投資等手段，加快家庭資產的累積，提升家庭應對各類風險的能力。

4. 學習型家庭

營造有利於學習新知、鼓勵學習、習慣於學習、有助於學習、交流的良好氛圍。學習的內容可以是時政新聞、歷史地理、人文科學、音樂、美術等。

5. 社會型家庭

鼓勵家庭成員參加各類社會活動，主動融入社會，建立靈活的社交手腕，提高家庭成員的社會生活能力。

6. 休閒型家庭

充實家庭成員的生活體驗和生活感受，拓展生命的廣度和深度。例如，家庭體育競賽、家庭旅遊等。

◆ 注意事項

家庭規劃是需要一步步完善的，切忌規劃的主題太多以至於規劃混亂，不利於家庭的發展。

第二章

交往篇

　　人是群居動物，生活在一個社會群體當中，免不了要與人交往。然而不同的文化背景，也讓人形成了各異的性格，每個人言行舉止都不一樣，思想與價值觀也不同。

　　拿房頂破了、漏雨這件事來說，如果是西方人，他會選擇拆掉房子，然後重建；華人就可能會去修補，因為這樣省時省力；印度人就可能在房子裡打坐，克制自己不要想房子漏雨這件事。不同文化背景下的人處事方式是不同的，西方人是受科學思維影響，華人是受儒學思想薰陶，印度人則是受佛學思想感染。

　　中國人講究關係、講究人情，也是受儒家文化的影響。儒家文化講究「仁愛」，特別強調人們在相互交往的過程中要有仁愛之心、友愛相處。雖然我們在平時的相處中也一直秉持著仁愛原則，但是仍然會存在很多問題，如有些人的臉書上有上千個好友，能夠交心的卻沒有幾個；有些人剛開始與自己很熟絡，但是在不知不覺中就慢慢疏遠了；有些人上一秒還和戀人耳鬢廝磨，下一秒卻突然生氣了……

　　於是人們常常捫心自問：我應該如何與人交往？在交往的過程中有哪些技巧可以學習呢？我應該注意什麼事項呢？在這個篇章中，我獻上六個交往良策：

　　第一計，要選擇和我們脾氣秉性、行為舉止都合得來的人交往，即「志同道合」。

第二計，在交往中我們需要學會聆聽技巧，即「洗耳恭聽」。

第三計，人際溝通是一門重要的藝術。我們要掌握說話的藝術，即「娓娓道來」。

第四計，助人使人快樂，我們在交往過程中要具備愛的能力和特性，即「助人為樂」。

第五計，在助人為樂之後，我們還要學會欣賞、尊重對方，即「成人之美」。

第六計，我們要有過後即忘的本事。對於交往過程中的一些過錯行為，要有一顆包容的心，即「既往不咎」。

志同道合：知己的標準

◆ 成語釋義

志同道合，指的是人與人之間，志向、志趣相同，理想、信念契合。本計策主要用於選定交往對象，一定要選擇與自身興趣相合，價值觀相似的人。

◆ 成語故事

志同道合，出自《三國志・魏書・陳思王植傳》：「昔伊尹之為媵臣，至賤也，呂尚之處屠釣，至陋也，乃其見舉於湯武、

周文，誠道合志同，玄謨神通，豈復假近習之薦，因左右之介哉。」

　　三國時期，曹丕未即位之前，弟弟曹植是他最大的競爭對手。曹丕即位後，一直對曹植心存猜忌、多加壓迫，欲除之而後快。曹丕尋找各種機會來達到這個目的，但是在母親卞氏的干預下最終沒有把曹植置於死地。曹植有才華但是一直沒有機會能夠施展拳腳，他上書說伊尹是陪嫁的小臣、呂尚當屠夫釣叟，但他們遇到了志同道合的商湯和周文王，因此能有幸輔佐他們成就大業。

◆ 心理分析

　　詩人韓愈曾在《雜說四‧馬說》中寫道：「世有伯樂，然後有千里馬。千里馬常有，而伯樂不常有。」這說的是人才的發掘。其實在人際交往當中，我們也會遇到這樣的情況，世上人雖多，然知己難求。

　　知己是那些能懂得自己所想所思的人，這種關係比一般朋友更密切，更珍貴！用一個成語來概括，就是「志同道合」；用一個故事來說明，就是「伯牙與子期」。

　　話說春秋時期，楚國有個叫伯牙的人，他精通音律、琴藝高超，但總覺得自己還不能出神入化地表現對各種事物的感受。老師知道後，帶他乘船到東海的蓬萊島上，讓他欣賞自然

的景色、傾聽大海的濤聲。伯牙只見波浪洶湧、浪花激濺；海鳥翻飛，鳴聲入耳；耳邊彷彿響起了大自然和諧動聽的音樂。他情不自禁地取琴彈奏，音隨意轉，把大自然的美妙融進了琴聲，但是無人能聽懂他的音樂，他感到十分孤獨和寂寞。

有一夜，伯牙乘船遊覽。面對清風明月，他思緒萬千，彈起琴來，琴聲悠揚。忽然他感覺有人在聽他的琴聲，轉眼便見一樵夫站在岸邊，即請樵夫上船。伯牙彈起讚美高山的曲調，樵夫道：「雄偉而莊重，好像高聳入雲的泰山一樣！」當他彈奏樂曲表現奔騰澎湃的波濤時，樵夫又說：「寬廣浩蕩，好像看見滾滾的流水、無邊的大海一般！」伯牙激動地說：「知音！」這樵夫就是鍾子期。後來子期早亡，伯牙悉知後，在鍾子期的墳前撫完平生最後一支曲子，然後盡斷琴弦，終不復鼓琴。

漫漫人生路上，遇見一個你了解他，他也了解你的人，實屬不易。在平常交往中，我們見得最多的是兩種人，一種人是他們可以與你共享快樂時光，但你一遇到難處，他們都會躲得遠遠的，你怎麼聯繫他們也不見人影，這類人我們稱之為「酒肉朋友」；還有一種人俗稱「名利朋友」，正好與此相反，能夠共患難，卻不能共富貴，兩人中一旦有人的身價高漲了，就會出現「瞧不起對方」的現象，隨著兩人的思想上和行為上的衝突增多，就漸行漸遠，最後分道揚鑣。

其實不管是酒肉朋友也好，名利朋友也罷，我們最好少與

之交往，或者是不交往。我們真正需要的朋友是那些在關鍵時刻能為我們雪中送炭，和我們有共同話題、共同前進方向的人，即志同道合之人。

志同道合之人是興趣相投之人。朋友之間的相處，有了相同的興趣，才能有共同的事情可做，要不然就是你玩你的、我做我的，那這樣的相處還有什麼意思？就像兩個人一起去餐廳吃飯，一個人嗜辣如命，另一個人一點辣也不能吃，那這兩個人可能就會在菜單的選擇上鬧得不可開交。

所以，興趣相投是兩個人交往的開端。有了共同的興趣，人才有了相交的可能。

志同道合之人是價值觀相似之人，這是兩人長長久久相交的關鍵所在。價值觀、人生觀上的相似就是心理上的「門當戶對」。《文中子‧禮樂》中有一句交友原則：「以利相交，利盡則散；以勢相交，勢去則傾；以權相交，權失則棄；以情相交，情逝人傷；唯以心相交，淡泊明志，友不失矣！」

從古至今流傳下來的朋友事蹟中，諸如管鮑之交，白居易與劉禹錫，唐太宗李世民與長孫無忌等等，他們都是以交心為標準的。正如譚詠麟在《朋友》中唱的：

繁星流動　和你同路從不相識　開始心接近默默以真摯待人

人生如夢　朋友如霧難得知心　幾經風暴

為著我不退半步　正是你

……

是誰明白我

情同兩手一起開心一起悲傷彼此分擔總不分我或你

你為了我　我為了你

共赴患難絕望裡　緊握你手

價值觀相似的人最易交心。他們在心理上的速配程度較高，追求的人生目的是一致的，在看待事情的觀念上也一樣。他們可以在你支持我、我幫助你的過程中攜手共進。

其實朋友之間的相處，有時類似於夫妻相處。也許一開始因為感情的基礎，能夠互相包容；但久而久之，你看不慣我的大咧咧，我看不慣你的斤斤計較，矛盾就爆發了。但是相比較而言，朋友的決裂會比夫妻的決裂更容易，它沒有法律約束、沒有人情綁架、沒有後顧之憂。從這一點來說，要維護好一個真心朋友的確比維持夫妻關係更要小心謹慎。所以，對待身邊的志同道合之人，我們一定要惜之護之，一定要敬之愛之。

◆ 幸福之計

生活中，我們如何能夠找到一個志同道合的朋友呢？

第一，和我們生活成長背景差不多的人，才可能成為我們的知心朋友。一個平時和你天差地別、毫不相干的人，是絕

對不可能理解你的。就像街頭混混不能理解寒窗苦讀的人的心情，富家子弟不會理解父母雙雙失業的孩子的艱難。

　　第二，和我們看問題觀點差不多的人，才可能成為我們的知心朋友。那種說兩句話就產生分歧、爭辯的人，肯定相處不好。

　　第三，願意傾聽我們說話的人，才可能成為我們的知心朋友。自戀主義的人，開口閉口說的都是他自己的事情，沒有一點容忍別人的餘地，這樣難以與其成為知心朋友。

　　第四，有情有義的人，才可能成為我們的知心朋友。這類人一般是心地善良，知道感恩的人。

◆ 注意事項

　　在與朋友相處的過程中，要真誠地對待對方。對方有困難了要挺身而出，不要老是打自己心裡的算盤，怕吃虧，能幫忙盡量幫忙。

▌洗耳恭聽：人際交往離不開傾聽▐

◆ 成語釋義

　　洗耳恭聽，本意是指把耳朵洗乾淨、恭恭敬敬聽別人講

話。現在常用於請人講話時的客氣話。

本計策中所講的「洗耳恭聽」，不僅是指對他人的講話表示尊重，在他人講話時認真聆聽，而且還要具有同理心，明白他所表達的態度和情感，並適當地給出正確回饋。

◆ 成語故事

洗耳恭聽，出自元朝鄭廷玉《楚昭公》第四折：「請大王試說一遍，容小官洗耳（席而）恭聽。」

此詞有一典故。帝堯曾經多次向許由請教，後來有意願將帝位傳給許由，讓他管理天下。於是堯派人去許由居住的地方告訴許由。使者來到許由隱居的地方，見到許由後，告訴許由帝堯想把帝位傳給他，希望他考慮一下。許由聽到這個消息後拒絕了這個請求，並且連夜就跑到箕山，在那邊隱居不再外出。堯認為許由這樣做是因為謙虛，於是又派人去請許由，說：「如果你堅持不接受帝位，希望你能出來當個『九州長』。」許由聽後更討厭，立刻跑到山下的水邊了。許由的朋友巢父在這個地方隱居，剛好牽著牛來水邊喝水，看到許由後，問他發生了什麼。許由就把事情都告訴了巢父，巢父聽後，對他說：「浮游於世，貪求聖名。」許由聽到巢父這樣說，很是羞愧，立即用池子中的清水來清洗耳朵，擦拭眼睛，表示願意聽從巢父的忠告。後人為了讚揚許由這種知錯就改的良好美德，於是將這個池子取名為「洗耳池」，成

語「洗耳恭聽」的典故就是這樣產生的。

許由簡介

　　許由，字道開，號武仲，帝堯時期的一個平民。他是上古時代的一位高士。晉皇甫謐《帝王世紀》中記載，許由出生於陽城槐里，也就是今河南省登封市箕山。許由這個人不依附權勢、不謀求世間的利祿，講究道德和正義，遵守規則。史書記載：「堯帝知其賢德，欲禪讓君位於他，許由堅辭不就，洗耳穎水，隱居山林，卒葬箕山之巔，堯帝封其為『箕山公神，配食五嶽，後世祀之』。」許由後半生就隱居在深山之中，一輩子不慕名利，死後被埋葬在箕山之巔。

◆ 心理分析

　　透過耳朵，人們會聽到各樣聲音。如顧憲成的「風聲雨聲讀書聲，聲聲入耳」；張繼的「夜半鐘聲到客船」；祖狄和黃琨的「聞雞起舞」等。

　　生活中，為了表示對說話人的尊重，我們一般都會說「洗耳恭聽」。那究竟什麼樣的狀態才算是「洗耳恭聽」呢？

　　其實「聽」字就給了我們答案。「聽」字，左為「口」，說明傾聽者在聽完之後，要將自己聽到的內容表達出來，這是對講述者的回應。右為「斤」，說明傾聽者要與講述者比對自己理解

的內容，檢查自己理解的是否對錯。所以，真正的洗耳恭聽之人，一定能將對方說的話以及話裡所要表達的含義準確無誤地回饋給對方。

在當代社會中，人們更渴望找到一個能聽得懂自己說話的人。在這裡稍微提一下人與動物的情感。許多動物都是與人性相通的，人類與牠們建立親密關係後，牠們能體會到人類的心情。現在很多人把寵物當小孩一樣養，並且會稱呼牠們為「兒子／女兒」，那份感情是沒有養過寵物的人體會不到的。此時的寵物已不單單是一個寵物，而是一個知情知意的對象了，這就與「子非魚，焉知魚之樂」與「子非吾，焉知吾不知魚之樂」的爭論是同樣的道理。

其實在心理諮商中，也比較重視傾聽技巧。美國心理諮商學家吉布森（James Gibson）說過：「學會傾聽是心理諮商的先決條件。」心理諮商狀況下的傾聽不同於一般社交談話中的聆聽，它要求心理諮商師認真聽對方講話、認同其內心感受、接受其思維方式，以求設身處地。

因此，它要求心理諮商師在聽對方講話的過程中，盡量克制自己插嘴講話的慾望，不以個人的價值觀來評價當事人的主述（除非涉及法律等問題），並以積極關注來表現心理諮商師對當事人內心感受的認同。雖然我們平時的傾聽沒有像諮詢過程中的傾聽那麼嚴謹，但是其中的一些注意事項仍是通用的。如

果朋友在向你傾訴時，你表現出三心二意的樣子，對於朋友來說，他會覺得你不尊重他、不理解他。這可能就會是你們關係破裂的導火線。

當然也可能存在這樣的現象，明明認真聽了，但還是聽不懂對方講的是什麼。這就涉及訴說者的表達能力了。有些人講話，明明就是很小的一件事，他卻講得很誇張；有些人因為遭遇情感危機，往往會泣不成聲，不能完整地說出他想說出的話；有些人說話含蓄，拐了很多彎，也不知道他究竟想說什麼。對這類言不由衷、辭不達意的訴說者來說，我們怎麼做才能達到最好的傾聽效果呢？

從傾聽的角度來說，聽的內容包括聽話、聽音、聽意。聽他說的話是什麼，講的具體內容是什麼；用什麼樣的語氣，憤怒？悲傷？愉快？平淡？從而體會他講這番話的情感、態度。具體來說，第一，要聽發生了什麼事；第二，要聽出他的態度；第三，要聽出他的情感；第四，要聽出他的弦外之音。這樣逐層遞進才是傾聽的最終目的。

◆ 幸福之計

與人交往必定需要溝通交流，如何讓雙方的交流是互通的、有效果的，這就需要聽者將態度端正，做到「洗耳恭聽」，同時在交流的過程中注意傾聽技巧：

第一，認真地聽對方講話，聽清楚對方所講的具體事情；例如在朋友向你傾述工作上的遭遇時，你要做的就是聽清楚他講述的事件發生的過程以及最終的結果。

第二，注意對方在講述內容時，所表達出的態度；（以下的內容解說都以上一個事件為例）例如他是否覺得自己在工作中受到了不公平的待遇，或是單純分享一下工作中的見聞。

第三，體會對方在表達的過程中，所要表達的情感。例如注意他在講述過程中，他對這件事情所表達出的是憤怒、開心、喜悅或者糾結。

第四，根據聽到的內容，思索對方講述事情背後的用意，他是需要你進行安慰，還是需要你幫他分析並且幫他出主意，或者他是與你分享喜悅心情的。

◆ 注意事項

第一，在溝通的過程中，要注意言語動作的交流。在對方講述的過程中，要及時回饋對方，比如在對方講到難過之處時，拍拍對方的肩膀，傳遞紙巾等；並且時不時地關注對方的眼神，根據對方的情況，隨後調整你們的說話狀態。

第二，並不是所有的交流都需要做到如此專注的傾聽，只限於在對方想與你交流某些事情或者探討某種理念、價值的時候。當然這需要你自己把握這個分寸。

娓娓道來：溝通的技巧

◆ 成語釋義

娓娓道來，意思是連續不斷地說、生動地談論。形容談論不倦或說話動聽。

在本計策中，主要是指我們在與人交往的過程中，要做到說話有藝術、溝通有技巧。

◆ 成語故事

娓娓意為滔滔不絕，出自元代劉壎的《隱居通議・文章五・范去非墓誌》：「（包恢）平生為人作豐碑巨刻，每下筆輒汪洋放肆，根據義理，娓娓不窮。」另外，明代的高攀龍在《書醫者顧仰蒲》也有寫道：「君為人好善疾惡。得人善，娓娓言之；得人不善，亦娓娓言之。」

娓娓在形容言談動聽時，出自清朝黃六鴻的《福惠全書・刑名・刁姦》：「若言一入耳，娓娓可聽，亦將有不能自禁者矣。」

◆ 心理分析

人際交往的過程中，最重要的一點就是溝通。透過溝通，可以促進彼此加深了解、促進親密關係。而溝通的深度、溝通

的頻率在一定程度上決定著雙方關係的親疏程度。

在溝通中，我們需要特別注意自己的言語溝通和非言語溝通。言語溝通主要是指口頭和文字方面的溝通，而非言語溝通是指除了口頭和文字之外的肢體語言、聲音語言等溝通。

非語言溝通通常被大家所忽視。有研究顯示，在面對面的溝通過程中，言語溝通僅占 7％，而非語言溝通占溝通的 93％。由此可見非語言溝通在溝通中的重要性。

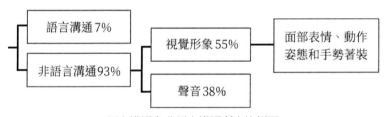

語言溝通和非語言溝通所占比例圖

有一檔綜藝節目運用非語言中聲音的魅力，利用高低起伏的聲調、充滿感情的話語，為我們創造一種身臨其境的感覺。這種運用聲音塑造畫面、場景的特質，與舊時人們聽那些說書人講故事的感受是相似的。

我們在與人溝通的時候，如果能夠透過語氣的輕重、聲調的高低、肢體動作的輔助，來使自己講述的內容更加生動傳神，用一個詞來形容就是「娓娓道來」。這是非常厲害的，但也是很不容易的。

1. 需要做好充足的準備

在我們要發表演講時，我們通常會為自己準備一份精彩的演講稿，但平時的交流溝通卻很少會提前做準備，而沒有準備的溝通通常是漫長且無效的。

所以，想要讓自己的交流有效率，就需要對將要交流的內容和主題有明確的認知和準備，當然也包括自己情緒、心態方面的準備。

2. 要注意溝通的態度

面對不同的人群、不同的場合，我們的態度也是不同的。如在隨意的場合時，我們的態度應當是親切、溫和、自然的；而在進行工作報告時，我們的態度應當是相對嚴肅和正式的；面對同齡人時，我們的態度應是輕鬆自在的，而面對長輩、上司時，我們則該是穩重嚴謹的。

3. 需要充實自己的見識

腹有詩書氣自華，一個人豐富的學識與知識和自我修養是溝通時會運用到的內在基礎。缺乏豐富的內在知識，我們就少了與他人交流的話題，也缺少說理、敘事的能力。

就像我們聽家庭主婦談論的話題不外乎丈夫、孩子、家務之類的事情，而那些只是圍著工作忙碌的人，他們談論的也是常常局限於工作中的紛爭與煩惱。

因此我們想提高自己的溝通能力，就需要不斷地進行學習，以此來充實自己的見識、提高自己的能力。當我們對外界了解得足夠多時，就可以將自己所知的資訊進行共享，甚至可以針對某一個話題高談闊論。這其中的樂趣是那些沒有知識的人領略不到的。

4. 要美化我們的言語

正所謂「良言一語三冬暖，惡語傷人六月寒」，我們在平時的溝通中，要多注意溝通技巧，多使用正向溝通技巧。在這裡給大家講一個故事：

有一天晚上，國王夢見自己的牙齒都掉光了，於是他找來兩位解夢人，問他們：「為什麼我會夢見自己的牙齒全部掉光？」第一個解夢人說：「國王，夢的意思是在您的親人、朋友都去世，一個都不剩之後，您才會死去。」國王聽後，立即命人將第一個解夢人拖出去、打一百仗。這時第二個解夢人說：「至高無上的國王，夢的意思是您將是您所有親人、朋友中最長壽的一位。」國王聽後龍心大悅，獎賞了第二個解夢人一百個金幣。

兩個解夢人向國王傳達的意思是一樣的，但為什麼結局會如此不同呢？這就是言語的美化問題。

在溝通的時候，我們需要將自己的話表達清楚，但並不是說我們可以不顧對方的感受。如果你的言談中，涉及對方非常害怕的話題，如生老病死，你就不能簡單直白地說出來。這時

候，你就需要對你要說的話進行「包裝」，讓它換一身能夠被對方接受的「外衣」再呈現出來。

◆ 幸福之計

說話是一門藝術，溝通需要技巧。但這樣的藝術和技巧並不是我們一朝一夕的練習就能夠擁有的，我們需要注意以下幾個方面：

(1) 多多讚美別人，客氣話要適可而止。另外，面對他人的讚美，一定要說聲謝謝，這是一種基本的禮貌。

(2) 不要隨意批評對方，這會讓人十分反感。有些事要看場合說話，在外人面前不要批評自己的親朋好友。

(3) 就事論事，不要針對個人。批評的話也要讓對方能夠接受，最好能夠給出實用性的建議。

(4) 不要總是談自己的經歷和感受，要學會傾聽別人的想法。

(5) 在談話中保持微笑，同時也可以用微笑回絕別人的問題，給對方留點退路。避免談論別人的忌諱，傷害對方的自尊。

(6) 很多人一起聊天時，要多多關注新人。由於對周圍人不熟悉，新人難免會產生拘謹和不自在的感受，這時候我們要關注新人的情緒狀態。

◆ 注意事項

第一，與人溝通時要注意時間的掌控，避免耗費的時間太長，溝通沒有效率。

第二，溝通的內容要有主題，切忌漫無目的。

▎助人為樂：助人行為不能斷送 ▎

◆ 成語釋義

本意是指幫助別人，也快樂了自己。

在本計策中，主要將助人為樂用於人際交往中。

◆ 成語故事

助人為樂是一項傳統美德。它出自於著名現代作家冰心的一篇文章〈我們的五個孩子〉當中。

冰心簡介

冰心（1900 年 10 月 5 日－ 1999 年 2 月 28 日），原名謝婉瑩，福建長樂人。冰心是筆名，取自「一片冰心在玉壺」。她是詩人、翻譯家、現代作家、散文家、社會活動家。著有

詩集《繁星・春水》、《閒情》，還有《冰心著作集之一 ——
冰心小說集》、《冰心著作集之二 —— 冰心散文集》、《冰心
著作集之三 —— 冰心詩集》、短篇小說《超人》等作品。翻
譯了泰戈爾的《飛鳥集》、《泰戈爾劇作集》等作品。她的作
品文字清新雋永，筆調柔和細膩，語言清新明麗。

◆ 心理分析

　　助人為樂一直以來都是華人的傳統美德，其實在人際交往
中，我們也需要「助人為樂」這種積極的行為與特質。但人際交
往中的助人，需要滿足以下條件：

　　首先，你要有助人的能力或本事，這是助人的先決條件。

　　然後，別人確實需要你的幫助，這是助人過程的開端。

　　最後，你要及時地伸出援手，幫別人成功渡過難關。只有
成功幫助別人，你才會有助人為樂的感覺。

　　另外，助人的方式和內容也非常多，諸如雪中送炭、扶危
濟困、拔刀相助、慷慨解囊、見義勇為、捨生取義、捨己救人
等。雖然表面上看都是助人行為，其出發點卻有大大的不同。

　　從動機出發，常見的助人行為有三類：一類是透過幫助他
人來獲得名聲與地位；一類是為過去的錯誤買單，使自己的
內心得到救贖；還有一類是以快樂為目的，其實這類人還可以

細分為助人為樂、樂善不倦與樂善好施三類。當我們細細品味時，就會發現這三者當中存在著高低不同的境界。

(1) 助人為樂之人，是在幫助別人時會感到快樂的人。這是助人的初級境界，助人行為也是斷斷續續的。

(2) 樂善不倦之人，是把助人當成快樂的事情，並且不知疲倦，這就上升了一個境界。此時的助人是持續不斷的，形成了一個良性循環。

(3) 樂善好施之人，是快樂於助人之事，並且將其上升為喜好，這是助人的最高境界。此時助人對個體來說，成了他的習慣，內心的得失並不強烈。

另外，透過馬斯洛（Abraham Maslow）的需求層次理論（將動機由較低層次到較高層次分成生理需求、安全需求、愛與歸屬需求、尊重需求和自我實現需求五類）可以看出，從助人為樂到樂善不倦，再上升到樂善好施的過程滿足了不同層次的需求。

1. 助人為樂滿足了個體最低層次的需求，也是最基本的需求 —— 物質需要此時的助人行為是個體獲得快樂的「物質」來源。為了獲得快樂的體驗，促使個體去展開助人行為。就像小狗看見食物會吐舌頭、搖尾巴一般。

2. 樂善不倦滿足了個體稍高層次的需求 —— 安全、愛與歸屬和尊重的需要。此時的助人行為，是個體在有所獲益的刺激下實行的。如為了避免不安全感、為了結交到更多的人、為了

獲得他人認可，個體才持續幫助他人。

　　由此，助人為樂和樂善不倦，都是個體為滿足物質或情感需求去幫助別人，都是為了更好地生存和融入社會當中。

　　3. 樂善好施滿足了個體最高層次的需求 —— 自我實現的需求

　　此時的助人行為是個體為了實現自己的理想、抱負，最大程度地發揮自己的能力，進而形成自覺的行為。

　　在此，樂善好施是個體從內心認可的行為，助人如同他的「本能」，進而達到了身心合一的境界。

　　助人的過程是一個需要和被需要的過程。從個人需求轉化為個體被需要，也是個體助人行為從被動轉化為主動的過程。

　　將「助人為樂」作為交往的計策，強調的不僅僅是個體需要培養助人的特質，還需要個體擁有助人的執行力，形成助人的自覺。

　　同時在評價一個人是否心理健康的標準中，一個會幫助他人的人意味著他是一個有愛的人；會關注他人，代表著他的內心世界是開啟的。

　　然而，在助人為樂的時代樂章中，偶爾也會出現不和諧的音符，一些讓人寒心的事件從未斷絕。現在有些人也會助人，但是為了防止成為「受害者」，他們在助人前會做好防範措施。更糟糕的是，現在很多人為了避免受傷，不再對他人施以援手，甚至是避之不及。這不是與現今所講求的和諧而友愛的社

會相違背嗎？

我們不再助人，是因為社會的熔爐鍛造出了一些奸佞小人。他們打著弱者的旗號，卻一次次地壓榨著助人者的金錢與心血。於是我們開始慌了，我們不知道自己的好心會換來怎樣的結局，於是為了避免節外生枝，我們乾脆將善心「連根拔起」。只要不助人了，不是什麼事都沒有了嗎？

雖說不再助人可以保自己不受牽連，但是這卻斷送了祖先們傳承已久的仁善基因，而這種基因在助人行為中的作用是不容小覷的。

2015 年，美國紐約大學的研究人員研究了 1,197 對基因幾乎完全相同的同卵雙胞胎和 684 對基因近似的異卵雙胞胎，以了解在相同的成長環境中，基因對助人行為的影響。結果顯示，一個人是否樂於幫助鄰里，基因的影響達到 41％；是否願意參與社群或公共服務志願活動，基因的影響為 33％；是否願意參加慈善活動，基因影響為 28％；是否願意參加選舉投票，基因影響為 27％。

因此，為了不斷送我們的優良基因，讓傳統文化得以傳承下去，讓和諧而友愛的社會不單單只是存在於口號中，我們需要把助人為樂作為一種自覺，並且還要堅持從小事做起。

助人為樂，是正直善良的人懷著道德義務感，主動給予他人無私的幫忙，並從中感到快樂愉悅的一種道德行為和情感。

因此，助人不在事情大小，更不在得到多少回報，只要是好事，只要是對他人能提供幫助，就應該去做，就有責任去做。

俗話說「聚沙成塔，積少成多」，只要願意做好事、堅持做好事，自己的道德修養也會得到提升。

當然，我們在助人的過程中並不是無限制的。雖然我們的助人目的是幫助他人攻克難關，但這並不意味著我們要幫助他人做完所有的事情。「授人以魚，不如授人以漁」，我們在幫助他人的時候也要拿捏好分寸。

◆ 幸福之計

古人云，「勿以惡小而為之，勿以善小而不為」。在生活、工作和學習中，我們應當將助人為樂當作自己的行為準則，從點滴小事做起。同時我們應當對自己的助人尺度有一定的原則。

在助人的一開始，我們的境界並不高，但可以透過不斷地助人來提升自己的高度，達到自我修養的目的。

◆ 注意事項

(1) 要注意助人的方式、方法。例如對於一些自尊感特別強的人，直接的物質幫助並不是最好的，心靈層面上的幫助反而會更有效。

(2) 把握好助人的尺度，可以幫助他解決一時的困難，但不可

能幫他克服所有的障礙。主要是教會他解決問題的方式，使其能自力更生。

(3) 助人要做到量力而為，特別是對於那些超出自己能力範圍之外的事情，不要盲目地誇下海口。

(4) 助人的內容也需要在法律允許範圍之內。對於違法亂紀的行為，即使是對方跟我們關係再好，也要堅決拒絕。這是我們身為一名守法公民處世的基本原則。

(5) 助人的過程要有始有終，切忌半途而廢。

(6) 助人之後要做到「既往不咎」。

成人之美：人際交往中難得的特質

◆ 成語釋義

成人之美，成全別人的好事，也指幫助別人實現其美好的願望。

在此計策中，旨在提倡人們有善良的言行，且在交往的過程中，學會用尊重和欣賞來看待對方，用謙卑來看待自己。

◆ 成語故事

　　成人之美出自《論語·顏淵》：「子曰：『君子成人之美；不成人之惡。小人反是。』」君子通常會成全他人的好事，不破壞別人的事情，而小人則完全與之相反。

　　據說明朝有一個布衣詩人，名字叫謝榛。雖然他的一隻眼睛瞎了，但是他非常善於寫歌詞，他所寫的歌詞在民間廣為傳唱。

　　在萬曆元年的冬天，謝榛來到了一個叫彰德的地方，孫穆王聽說了便親自接待謝榛。在兩人飲酒聊天的閒暇時刻，孫穆王安排自己的寵姬賈氏在簾子後面彈唱，賈氏彈唱的正是謝榛所寫的一首竹枝詞。謝榛認真地聽著彈唱曲目，發現是自己所寫的歌詞，心裡很高興。孫穆王看見謝榛聽得非常入神，就叫賈氏出來拜見，賈氏長得很漂亮，謝榛都看入迷了。孫穆王接著叫賈氏把謝榛所寫的歌詞都唱一遍。謝榛聽後十分開心，站起來說：「夫人所唱的，不過是在下粗淺之作。我當重作幾首好詞，以備府上之需。」第二天，謝榛立刻就把十四首新詞送到府上，賈氏將這些詞作一一譜曲彈唱，兩個人配合得非常默契。

　　孫穆王見兩人如此投機，便在次年元旦將賈氏以及一些豐厚的禮品送給了謝榛。世人稱孫穆王成人之美，有君子風度，但這也反映了古時女子的地位卑賤，被當作禮品送來送去。

◆ 心理分析

前面一計提到「助人」，助人於危難之時，助人成其事，都可以稱之為「助人」。從助人成其事方面來說，也可以稱之為「成人之美」。俗話說，「錦上添花易，雪中送炭難」，對於成人之美也一樣適用。

對待於他人有益，又不涉及個人利益，或者個人利益得失較少之事，大多數人都會有成人之美的心思。但是當成人之美與自身利益之間有較大衝突時，能犧牲自己成全別人的人卻寥寥無幾。但並不代表沒有，如在林徽因與梁思成、金岳霖的愛情中，就有一個捨己為人的「成人之美」故事。

1920、30 年代，一代才女林徽因曾是無數年輕人的夢中情人。但這位集美貌與才情於一身的女子曾面臨著一個兩難的選擇：是繼續維持與梁思成的婚姻生活，還是選擇對自己一往情深的金岳霖。這場情感糾結令林徽因輾轉難眠。有一天她告訴梁思成：「我苦惱極了，因為我同時愛上了兩個人，不知道怎麼辦才好。」梁思成沉思良久後冷靜地說：「你是自由的。如果你選擇了老金，我祝願你們永遠幸福。」後來她將這些話轉述給金岳霖，金岳霖說：「看來思成是真正愛你的，我不能傷害一個真正愛你的人，我退出。」從此金岳霖不再談及愛情，而是成為相伴林徽因一生的知己好友。

金岳霖就是那個成人之美之人，他的成人之美更多是出於

對林徽因的尊重和愛。收藏骨董界也有一個成人之美的故事。

有一位著名的收藏家曾經花費了很多精力和超出貨物價值的金錢，只為買到一個康熙晚期的花瓶。因為花瓶的主人不願賣，他先是和主人家的鄰居打好關係，讓他關心老人家的身體情況，並且時不時地去看望和陪伴老人家。

本以為在老人家去世之後，這位收藏家就能輕而易舉地買下花瓶，結果在討價還價期間，他發現花瓶的主人在賣花瓶之前就已經規劃好了貨款的分配方案，這個分配方案的價值總和正好是 112 萬，如果少了或多了都無法分配，並會造成很多麻煩，所以他之前無法與主人成交。

而這位收藏家始終不想與這件古董失之交臂，為了成全這家人，他最後以 112 萬元的高價買下了這個當時不值 100 萬元的花瓶。後來花瓶增值到 308 萬

元，收藏家還是沒有將花瓶賣掉，而是將其收藏在博物館內，為了完成花瓶主人的遺願 —— 將花瓶一直收藏下去。

在此，這位收藏家成人之美的做法，就如一句話：「古董買賣是承認價值並實現它，成交成功是由很多元素構成的，錢只是價值的展現，要想完成價值交換主要是靠環境和手段。首先，你要承認別人的價值，你不但要先給別人他想要的，還要滿足別人的支配心理，並且你所需要的一定要是別人願意支付的。如果你的付出別人不能支配和享用，那就只是你單方面的

需求，就沒有價值可實現。」

古語云：「夫人之相知，貴識其天性，因而濟之。」意思是說，人與人的交往，重要的是能夠了解對方的內在本性和特質，由於了解了對方的內在本性從而信任並幫助他。金岳霖與這位收藏家都是「識其天性」而「濟之」的榜樣。

當然「成人之美」不是強烈的犧牲、激烈的殉難，而更多的是日常生活中的處世哲學與倫常德行。

聖王明君治世，使國泰民安；賢相良臣精忠報國，舉薦賢能，不謀私利；實踐和傳播儒、釋、道思想以濟世的道德之士，與人廣結善緣，使人提升道德；乃至給人勸善、鼓勵的一句話，使人擇善而從，都展現出古人對於成人之美的理解。

作家林清玄寫過一篇優美的散文〈生命的化妝〉，他借化妝師之口將化妝分為三類：三流的化妝是臉上的化妝，二流的化妝是心靈的化妝，一流的化妝是生命的化妝。一流的化妝就是改變氣質，讓自己成為樂觀、自尊、自愛、心懷至善、關愛別人的人。能夠成人之美的人就是一流的化妝師。

◆ 幸福之計

成人之美是一種修養，也是一種高尚的品德，它需要有寬廣的胸襟和與人為善的心態，要對人尊重，對己謙卑。要做到成人之美，我們需要做到以下幾點：

1. 敢於擔當

在不忘自己職責使命的同時，主動幫助他人，成全他人的美事。好比一名有擔當的教師，他一定要十分敬業，自願把學生未來的發展和助學生「成人」的重擔壓在肩上，成為學生在成長路上的引路人。

2. 心懷感恩之心

有一位哲人說過：「世界上最大的悲劇和不幸，就是一個人大言不慚地說沒有人給我任何東西。」而一個懂得感恩的人，能感受到別人的善意，也會感恩於他人，做感恩之事。

3. 胸懷惻隱之心

如孟子所說的「惻隱之心，仁之端也；羞恥之心，義之端也」，一個人具有惻隱之心，就會明白何為行善之舉，明白什麼是「有所為」，也知道什麼是「不可為」。

4. 心存敬畏的人

古人云：「凡善怕者，必身有所正，言有所規，行有所止，遇有蹜矩，亦不出大格。」敬畏，是人類應該有的行事態度。心懷敬畏之人除了對人彬彬有禮、恭恭敬敬之外，還會做事嚴肅認真，警惕自己。

成人之美，不應該只是流於形式，應該是從點滴小事做起，用實踐來表示。而我們在「成人之美」的時候，應該建立在

尊重人、相信人的基礎上，遵循人與人之間人性的對話與交往倫理來進行。

1. 己所不欲勿施於人

成人之美，重要的是知道、理解、尊重、開發對方本身的美好，而不是主體自以為是的好。

2. 「成人之美」是正向的、積極的

成人之美的「美」，應該是符合人道主義的事情，是有助於人的成長和發展的。

◆ 注意事項

對於那些弱小、邊緣、潛在、進行中的「美」，成人之美一定要順應人性的變化趨勢，一定要合情合理。

▌既往不咎：心理層面的問題解決 ▌

◆ 成語釋義

既往不咎，原指已經做完或做過的事，就不必再責怪了。現指對以往的過錯不再責備。

本計策所要表述的是，關於爭執的解決，需要雙方共同參

與，這不僅包括物質層面的問題解決，也包括心理層面的問題解決。

◆ 成語故事

既往不咎，出自《論語·八佾》：「成事不說，遂事不諫，既往不咎。」

在春秋時期，魯哀公非常重視祭祀土地神這件事情。在國家遇見外敵入侵，魯哀公帶兵去打仗的時候，都會把土地神的牌位帶在身邊。他對土地神非常虔誠恭敬，認為土地神對國家大事具有重大的支配作用。在準備祭祀土地神的過程中，魯哀公想到既然要祭祀土地神，那就要弄一個木製的牌位。牌位要用什麼樣的木材呢？這個問題難倒了魯哀公。

有一天，魯哀公派人找到孔子的學生宰我，問宰我：「祭祀土地神的牌位要用什麼樣的木材呢？」宰我沒有思考，立刻就回答：「夏代用松木，殷代用柏木，周代用板栗木。」

後來孔子聽說了這件事情，他認為宰我的回答毫無根據，非常不恰當，對他進行了嚴厲的批評。孔子諄諄告誡宰我：「已經做了的事，不用再解釋了；已經做完的事，也不要再勸諫了；已經過去的事，也不要再責怪了。以後你一定要言行慎重，不能不懂裝懂。不然，有些話一旦說出口就沒有機會後悔了。」

孔子簡介

孔子（西元前 551 年 9 月 28 日—西元前 479 年 4 月 11 日），名丘，字仲尼，著名的教育家、思想家與政治家。他出生於春秋時期的魯國陬邑（今山東曲阜），祖籍是宋國慄邑（今河南夏邑）。他是儒家學派的創始人。孔子開創了私人講學的學風，在他周遊列國的時候有很多學生跟隨，他帶領那些弟子去其他國家宣傳以禮治國的政治主張，晚年的時候修訂六經，即《詩》《書》《禮》《樂》《易》《春秋》。孔子去世後，他的弟子以及再傳弟子將孔子的言論以及孔子與弟子的對話記錄下來，整理編成儒家經典《論語》。

孔子在世的時候被譽為「天縱之聖」、「天之木鐸」，他是當時社會上的博學者之一，被後世統治者尊稱為孔聖人、至聖、至聖先師、萬世師表、大成至聖文宣王先師。孔子被列為「世界十大文化名人」之首。孔子的儒家思想對整個世界都有深遠的影響，各地都建有孔廟祭祀孔子。

◆ 心理分析

在歷史的篇章中，有諸多言論是關於「記仇」之事。例如，「不是不報，時候未到」，明代凌濛初《初刻拍案驚奇》卷二十二中有「留得青山在，不怕沒柴燒」，《史記》中也有「君子報仇，

十年不晚」，還有「人不犯我，我不犯人；人如犯我，我必犯人」
這些都是描寫記仇行為的。

不過我們也記恩。孟子的「愛人者，人恆愛之；敬人者，人
恆敬之」；常言說的「滴水之恩，當湧泉相報」；唐代詩人孟郊的
「誰言寸草心，報得三春暉」；南北朝時期庾信的「飲水者懷其
源」等，這些都是報恩之言。

現在我們捫心自問，誰能十分肯定地說：「我從來沒有被人
傷害過，也從來沒有傷害過別人。」其實在我們的生活中，人人
都受過傷害，人人都曾傷害過別人。不同的是，有的人只會記
仇，有的人只會記恩，也有的人則是恩怨分明，還有一些人，
他們心胸寬廣，能容人之所不能，唐高祖李淵就在其中。

李靖曾任隋馬邑郡（治所善陽，今山西朔縣）郡丞。當時李
靖的上司太原留守李淵（即唐高祖）欲起兵反隋。李靖效忠朝廷，
得知此事後，就「自鎖上變」，欲到江都見隋煬帝，揭發李淵。他
剛被送至長安，而天下已亂，去江都的道路阻絕不通，只能滯留
下來。不久，李淵軍隊攻下關中，占領長安。當得知李靖告密的
事後，李淵大怒，要殺李靖。臨刑，李靖大呼：「將軍起兵除暴
亂，不也是想爭天下、立大業嗎？為什麼因私怨殺壯士！」李淵
聽了，很受感動，於是就赦免了李靖，並用他帶兵。不久之後，
李淵親筆寫下一封信給李靖，說：「既往不咎，舊事吾久忘之矣。」
後來李靖充分發揮了自己的軍事才智，南征北戰、屢建奇功，成

為唐朝最著名的開國元勛，封衛國公並任正相。

　　此處的既往不咎，就是一種大肚能容的本事。那麼什麼是「既往不咎」呢？它指的是一個人不再追究與他人（有仇之人）之間過往的恩恩怨怨，有「一笑泯恩仇」的胸襟。通俗來講就是「不再翻舊帳」，能夠放下對那人的仇恨之心，也讓對方放下愧疚之心。

　　正如巴特勒（Butler）所言：「人類生活的世界並不完美，不是美德和智慧完善的世界，這種人類世界的不完美性產生了摩擦、紛爭、衝突、傷害、憤怒、仇恨、報復等客觀存在的事實。面對這些生命中不可避免之重、不可迴避之痛，如何降低或減輕這些事件帶來的傷痛，如何找尋到超越這些傷害的意義和心境，是選擇寬恕還是選擇怨恨和報復，卻是每個人必須認真思考的人生課題。」

　　有一句話：「放下屠刀，立地成佛」，這句話所包含的意義就是「既往不咎」。能夠捨去內心的怨恨，獲得內心平靜的人，都是具有大智慧的人。星雲大師在《放下與提起》中提到：「做人，要像一隻皮箱，能夠提得起，也要能夠放得下。若總是提起，太多的累贅使人非常辛苦；總是放下，要用的時候就會感到不便。所以，做人要該提起時提起，該放下時放下。」如此而言，這樣的放下，不僅是對別人的一種原諒，也是對自己的放過。

當然不單單是中華文化強調既往不咎、強調寬容待人。1945 年生效的《聯合國憲章》也強調了寬容的重要性，序言中說：「力行容恕，彼此以善鄰之道，和睦相處。」此後在聯合國教科文組織的倡議下，聯合國大會於 1993 年決定將 1995 年定為「國際寬容年」。也是從那年起，每年 11 月 16 日被定為「國際寬容日」。

所以，原諒自己、寬容待己、放下過去，才能快樂地面對生活、享受生活。

原諒朋友，把別人對你的好刻在石頭上，時刻銘記；把別人對你的壞刻在沙灘上，隨著潮汐而忘卻。

原諒社會，寬容它的不足，放下心中的執念，接受現實生活中存在的諸多缺陷，但記得時間的車輪依然在向前滾動。

原諒你的敵人，不要輕易說恨，恨一個人和愛一個人一樣都需要很大的精力，所以請把你的精力都用來愛你愛的人和愛你的人。

◆ 幸福之計

人生相逢是緣，相熟相知更是難得，古人長嘆「知音難尋」，在現今社會中要找到一個懂得自己的人，也是需要「百裡挑一」的。但人與人相處發生爭執是難免的，而這些爭執得不到解決則會越積越深，這不僅會影響交往雙方的情感交流，甚至

會導致情感的破裂。這就需要在爭執發生的過程中及時解決，同時做到「既往不咎」，即事情解決了，就過去了，以後也不需要再提起。

真正做到「既往不咎」則需要做到兩點：

第一，將問題本身解決，即對問題追根溯源，弄清楚雙方的對與錯，然後找到解決的辦法，避免將問題遺留。

第二，解決的結果是雙方心理都達到平衡。即雙方的內心深處對矛盾不再心存不滿，達到放下的狀態，能做到過了就不會再提起，即「人生如初見」的狀態。

只有真正做到這兩點，才能使友誼正常順利地發展下去，而不是在心底遺留一顆「定時炸彈」，說不定在某天就會爆炸。

◆ 注意事項

針對既往不咎的矛盾，不僅僅限於近期發生的事情，那些遺留長久的矛盾也是需要去處理和解決的。「既往不咎」並不意味著之後矛盾不再發生，而是指我們在面對紛爭時的態度，既要做到在外面將矛盾解決，也要做到從心裡將矛盾拔除。

第三章

成長篇

　　成長，自古以來都是人們時常談論的話題，而一個人的成長既包括生理的成長，也包括心理的成長。

　　人類的生理成長，更多展現在個人的外在形象變化上。如人類從一個只有用顯微鏡才能看見的細胞，經過無數次的分裂，逐漸分化出肢體，長出五官，最後形成人形，而後經過分娩脫離母體。從嬰兒開始，經過幼兒、青少年、成人，而後一天天老去，直到最後離開人世。

　　在生理成長的過程中，往往伴隨著心理成長。心理成長則是代表一個人的心理成熟。人們隨著經歷的增長，從懵懵懂懂的狀態，慢慢地對各種事情、各種狀況有了自己的認知和想法，進一步開始心理層面上的成熟。就像一張白紙，剛開始在上面描上輪廓，而後慢慢塗抹上色彩，增添上各種點綴飾品，最後再用畫框裱起來，成為一幅精美畫作。

　　我們在這裡強調的成長主要是心理成長。我們所追求的心理成長，其實就是心理成熟。所謂心理成熟，就是在對當下的事情與對未來的意識中，能夠做出正確的平衡和選擇的一種能力。比如說一個人到了適婚年齡，他的心理成熟是指理性地考慮並選擇婚姻對象，並開始準備成家過獨立的家庭生活；在行為上能夠在家庭中扮演適當的角色。

　　所以從個人成長的角度講，我們需要達到的心理成熟就是一個人真真正正的心理獨立。他能獨立表達自己的觀點，不傲

慢，也不卑躬屈膝；看到弱者知道同情，看到邪惡知道憤怒，但不盲從；他能看到自己的缺點，同樣也能夠對自己的優點有所認知，即能夠客觀地評價自己；他在生活、工作中有自己的目標，但不會盲目自信，也不會隨隨便便放棄自己的追求；他明白人無完人，但不會放棄追求完美並且一直往前追趕、不斷雕刻自己。

佛家有三個境界，第一個境界：看山是山，看水是水；第二個境界：看山不是山，看水不是水；第三個境界：看山還是山，看水還是水。這當中所蘊含的人生哲理就是人生追求的變化，從物質追求上升到心靈追求。

在人生的成長中，我們所要做到的就是：不再限於表面的物質追求，而是多去追求心靈上的充實與飽滿。在成長篇中，我們所要學會的本領就是以下六個計策：

第一計，真實地認識自己，勇於面對自己的不足和缺陷，即「負荊請罪」。

第二計，要時刻保持警惕之心、居安思危，即「上屋抽梯」。

第三計，學會利用正向的心理暗示來調整自己的狀態，即「望梅止渴」。

第四計，學會對自己提出更高等級的要求，激發自己的潛能，即「得寸進尺」。

第五計，學會自我反省，克服內心的軟弱之處，即「關門捉賊」。

第六計，學會擔當，勇於承擔自己的責任，即「當仁不讓」。

◀ 負荊請罪：知錯能改，善莫大焉 ▶

◆ 成語釋義

原指廉頗向藺相如請罪，後被人用作表示真心誠意地向人道歉。

本計策用於表示在個人的成長過程中，不僅僅是對自己的過錯勇於承擔，並且能夠採取積極的行為去解決自己的錯誤、過失。

◆ 成語故事

負荊請罪出自《史記・廉頗藺相如列傳》：「廉頗聞之，肉袒負荊，因賓客至藺相如門謝罪。」

藺相如在「完璧歸趙」與「澠池會盟」中立了功，趙王封藺相如為上卿，位置在廉頗之上。廉頗對此很不服氣，他對別人說：「我廉頗攻無不克、戰無不勝，立下許多大功。他藺相如有什麼能耐，就靠一張嘴，反而爬到我頭上了。我碰見他，得給

他好看！」這話傳到了藺相如耳朵裡，藺相如就盡量迴避與廉頗見面，以免發生衝突。

有一天，藺相如坐車出門，發現廉頗騎著大馬朝自己的方向奔來。他趕緊叫車伕把車掉頭，往回趕。藺相如手下的人看見就很不高興。他們不明白，為什麼藺相如看見廉頗就像老鼠看見貓一樣呢，為什麼要怕廉頗呢？藺相如對他們說：「請諸位想一想，廉頗與秦王之中，誰更厲害？」他們說：「那當然是秦王呀。」藺相如說：「秦王我都不怕，會怕廉將軍嗎？秦國之所以不敢侵略趙國，是因為武有廉頗，文有藺相如。如果我們鬧不和，秦國就會趁機來打擊我們趙國。我忍讓廉頗是為了我們趙國啊！」

藺相如的話傳到廉頗的耳朵裡，廉頗感到很羞愧，自己為了爭一口氣，不顧國家安危，真的很不應該。於是他脫下戰袍，光著背，背上荊條到藺相如府門前請罪。藺相如看到廉頗來負荊請罪，立刻出門迎接。在這之後，他們成了好朋友，共同保衛趙國。

廉頗簡介

廉頗，山西太原人，嬴姓，廉氏，名頗。他是趙國的名將，與白起、王翦、李牧並稱「戰國四大名將」。他曾帶領軍隊出兵征伐齊國，在與齊國的對戰中奪取了晉陽，取得了

戰爭的勝利。廉頗被趙文王封為上卿。廉頗在作戰中勇猛、果敢，在諸侯國中享有盛名。在長平之戰前期，他透過固守的方式，抵禦住秦國軍隊的攻擊。在長平戰爭之後，廉頗帶領軍隊大破燕師，並且擊斃了燕師的主帥栗腹。西元前251年，他帶領軍隊戰勝了燕軍，被任命為相國，封為信平君。

藺相如簡介

藺相如，戰國時期趙國的大臣，著名的外交家、政治家，今河北保定市曲陽縣相如村人。根據《史記·廉頗藺相如列傳》記載，藺相如生平最重要的事跡就是完璧歸趙、澠池之會和負荊請罪。趙惠文王當權時，秦國向趙國強索和氏璧，宦官頭目繆賢向趙王推薦藺相如。藺相如奉命帶著和氏璧去往秦國。在與秦王的交涉中，藺相如當庭力爭，最終完璧歸趙。九年後，秦國派使臣到趙國，請趙王到澠池與秦王相見。藺相如跟隨趙王一起去往澠池。在筵席上，藺相如使趙王沒有受到屈辱，大長了趙國的志氣、大滅了秦國的威風。藺相如因為這兩件事被趙王封為上卿。由於他的職位高於廉頗，廉頗很不高興，揚言只要見到他就要讓他好看。藺相如知道後就盡量避免與廉頗見面。他以國為重，忍讓謙遜，廉頗知道後羞愧不已，登門負荊請罪。

◆ 心理分析

犯錯，藏族有一種說法：「無結疤樹尋不到，無過之人找不著。」即使是聖人，也不是沒有犯下過錯誤。不同的是，不管所犯的錯誤是大是小，聖人都能夠坦誠面對自己的過錯。但很多人卻是「掩耳盜鈴」，以為自己不說出來，別人就不知道他犯了錯，殊不知已是眾人皆知。嚴重者如同蔡桓公一般「諱疾忌醫」，最終導致病入膏肓，無藥可救。

聖人常云「人非聖賢，孰能無過？過而改之，善莫大焉」。遇到有過錯之處，不可隱瞞不說，而應當及時改過，才是成長的上上策。

「負荊請罪」是廉頗勇於面對自己過錯的經典事蹟。在這個故事中，我們仔細觀察一下廉頗發現自己犯錯時的態度。廉頗認錯時用「負荊」的行動，足以展現他對承認自己過錯的誠懇態度，他發自內心地意識到自己所犯下的錯誤；「請」字更加強調了他承認自己錯誤的主動態度以及積極行為，即及時進行補救措施。然而這些卻是很多人都做不到的。

人人都有羞恥感，都能夠意識到自己的過錯，但如果讓他去「請罪」，則會表現出不同的態度以及應對措施，分為以下三類進行描述：

1. 他們對錯誤行為是積極應對的，會從中獲得經驗，做好相應的防範措施，最終使自己犯錯的機會越來越少。這樣的人

在自身的成長過程中是拾級而上的，最終達到聖人的境界。

2. 他們不敢面對自己的錯誤，甚至是害怕面對自己的錯誤。這當中有幾種表現：

(1) 他們承認自己的錯誤，但是羞於表達，支支吾吾之後，「避重就輕」地說出自己的問題。

(2) 他們面對自己的錯誤採取因人而異的方式，倘若是對待自己的上司、尊敬的長輩，他們認錯比誰都還快，甚至不是自己的錯誤，他們也會承認。但是一旦面對職位低於自己或者是年齡小於自己的人，他們對於錯誤的態度則很不一樣，他們不會主動承認自己的錯誤，甚至會推脫責任。

(3) 他們在陌生人面前勇於承認錯誤，卻不會在熟人面前認錯。

(4) 他們會為躲避某些懲罰或是避免某種損失，很快地承認自己的錯誤，但是內心卻並不認可。

這類人在面對錯誤的時候，會改正其中一部分錯誤。因此，他們在個人成長的道路上會走得比較緩慢，在成長到一定程度的時候可能會停止不前。

3. 他們將犯錯看成是不可饒恕的過錯，即使並沒有造成很大的損失，內心也會一直處於愧疚當中。所以他們在為人處事時不能容忍自己犯錯，三思而後行。雖然他們錯的機會越來越少，但是他們卻缺乏突破的勇氣，一直在自己的小圈圈裡故步

自封。

以上所述的第二類和第三類人，他們對自己的錯誤沒有發自內心的認同，或者說是根本就沒有意識到錯誤對自己成長的意義。從健康的角度來說，他們都是不健康的，至少從心理層面上來說，是不健康的。

那麼健康指的是什麼呢？

世界衛生組織將健康定義為：「健康乃是一種在身體上、心理上的完滿狀態以及良好的適應力，而不僅僅是沒有疾病和衰弱的狀態。」

也就是說，一個人在軀體健康、心理健康、社會適應良好和道德健康四方面都健全，才是完全健康的人。

在世界衛生組織所制定的健康十項標準中，有一條是關於為人處世準則方面的，說的是「處事樂觀、態度積極，樂於承擔責任，事無鉅細不挑剔，工作有效率」，其中所提及的「態度積極，樂於承擔」所包含的意義不僅僅是承擔應有的責任，還包括要勇於面對自己的錯誤行為，能以一種正向的心態面對自己的過失，能採取積極的行為方式去解決問題，將錯誤解決之後依然能夠以積極、正向的態度面對生活。

從健康的狀態來說，健康的狀態分為健康、亞健康和不健康三種狀態。從心理的角度來說，也可以依據人們的認錯態度，把人群分為三類：健康狀態即之前所描述的第一種類型的

人，亞健康狀態即第二種類型的人，不健康狀態即第三種人。

在這三類人群中，處於亞健康狀態的人是最容易被人忽視的，但是這類人群往往都有潛在的生理或心理問題。雖然在醫學中，各種儀器及檢驗結果為陰性，在心理方面也沒有很大的不適應感。但即使亞健康的人在短時間內看不出有什麼問題，但是從長期發展的角度來看，這種亞健康會致使他們在生理上的疾病越積越多，同時心理問題也會日益彰顯，最終發展為不健康的狀態。

就如同憂鬱症患者的患病過程一樣，從一開始不良的情緒問題，一步步緩慢發展為憂鬱傾向，再慢慢演變為憂鬱症。如果他在處於負面情緒或者是憂鬱傾向時，能夠積極地進行心理開解或者尋求幫助，最終都不會惡化為憂鬱症。

能夠負荊請罪的人都是處於健康狀態的，但這類人只占了少數。那麼亞健康狀態的人，應該如何面對自己的過錯，才能上升為健康狀態呢？這就要從兩方面著手：態度和行為。

從態度上來說，個體需要對過失行為有正確且深刻的了解，也需要對過失行為有認真改過的決心。要知道，面對錯誤行為，怨天尤人或者相互推脫，都是沒有任何意義的。只有用積極而正向的態度面對，才能解決問題。

從行為上來說，在意識到自己犯錯時，要立即停止錯誤行為，及時改正以避免造成更大的損失或錯誤；在事情結束之後，

我們要做的就是坦承錯誤，向他人道歉，為我們的錯誤行為進行補償。另外，我們還應該從中吸取犯錯經驗，同時要做好預防措施，避免同樣的事情再次發生。

只要我們從態度上真正意識到自己的錯誤，並能從行為上加以改正，做到知行合一，這就是良好地應對錯誤的行為。

◆ 幸福之計

對於錯誤的坦承，我們可以先有一個象徵性的儀式，撕一頁紙或扔一個垃圾，讓一切先有一個象徵性的開端。在面對錯誤的過程中，我們要做到以下兩點：

(1) 在處理自己的過失行為時，一定要把自己的態度端正。

(2) 在面對自己的過失行為時，一定要使問題能夠得到確切、實際的處理。

◆ 注意事項

積極地面對錯誤，並不是讓我們一直都處於愧疚的心態當中，而是讓我們勇於面對自己的內心，採取積極而正面的應對方式。

上屋抽梯：居安思危，潛心修煉

◆ 成語釋義

「上屋抽梯」又稱「過河拆橋」，意思是說送別人上了高樓卻搬掉梯子，比喻誘人向前而斷其後路，使其束手就縛。

在此計策中，主要是要人們居安思危，潛心修煉。

◆ 成語故事

上屋抽梯語出《三十六計》：「假之以便，唆之使前，斷其援應，陷之死地。遇毒，位不當也。」

此典故源自後漢末年，劉表對自己的長子劉琦非常偏愛，但是對自己的次子劉琮則不看重。劉琮的後母害怕劉琦會威脅到自己兒子的地位，十分嫉恨他。劉琦也知道自己處在非常危險的境地，多次向諸葛亮請教，但是諸葛亮都婉言拒絕了，沒有為他出主意。有一次，劉琦約諸葛亮到一座高樓上飲酒。兩人剛坐下來飲酒，劉琦便暗中安排人把高樓的階梯拆走了。劉琦說：「今日上不至天，下不至地，出君之口，入琦之耳，可以賜教矣。」諸葛亮沒辦法就講了一個故事給劉琦聽，他以春秋時期晉獻公的妃子想謀害太子申生、重耳的事例對劉琦進行指點，「申生在內而亡，重耳在外而安」。劉琦聽完後就明白了，立刻請父王將他派往江夏，離開晉國。

劉琦簡介

劉琦，字不詳，荊州牧劉表之長子、諫議大夫劉琮兄，兗州山陽郡高平縣（今山東省濟寧市魚臺縣東北）人。劉表最初因為劉琦的相貌與他很相似，對他很是寵愛。但是後來劉表的次子劉琮娶了劉表的後妻蔡氏的姪女為妻，蔡氏因此更偏愛劉琮。劉表非常寵溺後妻蔡氏，蔡氏經常在劉表面前講劉琦的壞話，劉表也相信蔡氏的話。劉琦慢慢地感覺到自己處於非常危險的處境中，因此特地向諸葛亮請教，但是諸葛亮不想涉入這個情況中，所以就婉拒了。劉琦後來透過上屋抽梯的策略得到諸葛亮的指點，於是他自告奮勇請求擔任江夏太守之職，一直在外。建安十四年（西元 209 年）劉備保舉劉琦為荊州刺史，同年劉琦病逝。

◆ 心理分析

世人都說：「人因夢想而偉大。」身處在競爭激烈的社會中，很多年輕人全然不知自己已經落後於他人，他們一邊抱怨著生存壓力大、生不逢時，一邊卻安於現狀、不思進取。

男孩子們一邊在宿舍裡沒日沒夜地玩「傳說對決」等手遊，一邊想像著十年後自己會成為下一個比爾蓋茲；女孩子既不勤奮念書又不努力工作，卻夢想著嫁給一個高富帥。

即使他們在某一些重要時刻，需要下定決心為夢想奮鬥的時候，他們也會為自己找更多的理由退縮下來。就像你想自學新的技能時，你會說：「今天累了，明天再說吧。」當你想擁有苗條的身材時，你會說：「吃飽了才有力氣減肥，我下一餐一定會少吃一點。」當室友催你起床去上早 8 時，你會迷迷糊糊地說：「昨天晚上寫作業寫得太累了，再睡一下。」當你上班經常遲到，被上司「問候」的時候，你會說：「路上總是塞車。」

我們在前進的道路上，總會遇到各種困難，卻已習慣了逃避和拖延，那些理由和藉口都成了我們後退的梯子。可是為什麼人們不能咬牙切斷退路、搬走梯子呢？

魯迅說過：「不在沉默中爆發，就在沉默中滅亡。」「上屋抽梯」便是一種在「沉默」中爆發的計策。它是一種既可針對外界，也可以針對個人的計策。個體在面對外界的人和事時，以利誘之，使其進入自己的布局之內，再斷其歸路，從而使他受制於己；而個體在面對自己的過程中，則是置死地而後生。但在這兩個過程中，需要有梯可下，要放梯子還是抽走梯子則看自己。

如何安放梯子，也是一門大學問。例如：對性貪之人，則以利誘之；對情驕之人，則以示弱惑之；對莽撞無謀之人，則設下埋伏使其中計。總之，人們需要根據實際情況，巧妙地安放梯子。

在我們個人的成長過程中，不能讓自己一直處於安逸的狀

態，需要給自己製造一些面對困境的機會。正如孟子所云「生於憂患，死於安樂」，太過安逸的生活容易讓人喪失鬥志，當生活中充滿挑戰時，才能讓人不喪失對自我的追求。

古往今來，許多人都是在安樂之中一步步墮落，最後一敗塗地的。隋煬帝楊廣沉迷於安樂，終日醉生夢死，最終致使隋朝滅亡；清朝後期的統治者沉浸在泱泱大國的美夢之中，致使外邦來犯，開啟了列強瓜分的時代。

當然也有人不論身處何地，都能不忘初衷、勤奮好學，最終成就了自己。如：大器晚成的畫家陳慧坤，即使人生坎坷也不忘初心，努力求學，最終成為大師級的人物，備受肯定、獲獎無數，為國內外所稱讚。

現在的社會中有許多人都過上了富足、安樂的生活，但是仍然有一些人不思上進，沉迷於「今朝有酒今朝醉」的狀態中，他們沒有自己的夢想，也沒有人生的追求，最終讓自己一步步埋入了歷史的洪流之中。

在本計策中，「上屋抽梯」比較多的是以個人為出發點。人有的時候需要將自己逼到絕境，才能激發自己的潛能，使自己的能力獲得提升，這就是我們將「上屋抽梯」作為個人成長第二計的用意。

在「上屋抽梯」的過程當中，我們可以從兩方面來發展自己的潛能：

1. 改變個體的不良行為，使個體的能力得到提升

　　這是從心理諮商的角度來說的。諮商師可以運用「上屋抽梯」的辦法對個體進行心理諮商，以達到諮商目標。其中最常見的就是透過「厭惡療法」來改變來訪者的不良行為。

　　所謂厭惡療法，是指透過直接或間接想像將某種不愉快的刺激與個體的不良行為結合起來，使個體厭惡並放棄這種行為，最終達到改變個體的不良行為。

　　生活中，許多家長也會用這種方式來幫助孩子改掉不良習慣。例如，母親在給孩子斷奶的時候，往自己的乳頭上擦上一些風油精、辣椒水等刺激物。

2. 發掘個體的潛能，使潛能得到最大限度的發揮

　　這是從「最近發展區（zone of proximal development）」的角度出發的。維高斯基（L.S.Vygotsky）的「最近發展區理論」認為，學生的發展有兩種層次：一種是學生的現有層次，即獨立活動時所能達到的解決問題的層次；另一種是學生可能的發展層次，即透過教育所獲得的潛力。兩者之間的差異就是最近發展區。

　　在教學過程中，教師們也會經常利用「最近發展區」理論來提高學生處理問題的能力、發展學生的潛能。例如，老師在學生遇到問題時，並不是一開始就給出解決問題的辦法，而是先讓學生經過自己的思考，讓他們先處理自己能解決的部分，再

提供他們幫助，從而使學生更加明白自己在解決問題時的不足之處，對問題的領悟也會更深刻。或者是先給學生部分提示，然後讓學生透過自己的思考找到解決問題的辦法。

「授人以魚，不如授人以漁」，要讓學生在思考中找到自己的解決方式，進一步開發學生的能力，而不是直接教會他操作的技巧。

生活中我們可以透過自己的計畫安排，來鍛鍊、提升自己的能力。從另一個角度來說，「技多不壓身」，多學習一門技能，總歸是一樁好事，它不僅可以成為我們的愛好，也可以成為我們職場中的助力，為自己爭取更多的機會。

◆ 幸福之計

在生活中為自己制定一個計劃，可以是自己的愛好，如繪畫、閱讀、旅遊、健身等休閒活動，也可以是與自己的工作相關的，或者是自己一直想要學習的一項技能，例如會計證照、電腦技能、外語等。

根據自己選定的計畫專案，制定一個可行的方案，按照方案來逐步實施。

◆ 注意事項

第一，在執行計劃的過程中，需要持之以恆。

　　第二，合理安排自己的時間，保證自己定時定量地完成自己的計畫。

望梅止渴：正向暗示，調整心態

◆ 成語釋義

　　望梅止渴，原指梅子酸甜，人想吃梅子就會流口水，因此達到止渴的效果。後比喻願望無法實現，用空想安慰自己。

　　在本計策中，是指在個人成長的過程中，要善於運用正向的心理暗示來調整自己的心態。

◆ 成語故事

　　望梅止渴，出自南朝宋劉義慶《世說新語・假譎》：「魏武行役，失汲道，軍皆渴，乃令曰：『前有大梅林，饒子，甘酸可以解渴。』士卒聞之，口皆出水，乘此得及前源。」

　　東漢末年，曹操帶領軍隊去攻打宛城（今河南南陽），討伐張繡。部隊行軍的過程中走得非常辛苦。當時正值盛夏，天氣炎熱，大地都快被烤焦了。曹操的軍隊已經走了很多天，都非常疲憊。行走的途中都是荒郊野嶺，四周沒有水源，將士們想了很多辦法，都找不到水喝。將士們都感覺到非常的口渴和疲

累，每走幾公里就會有人中暑倒下，就連那些身體強壯的士兵也慢慢支撐不下去了。

曹操看到這樣的情況心裡非常焦急，他策馬跑到旁邊的一個山崗，朝四周遠眺看有沒有水源，但是什麼都沒有發現。曹操心想：「這下糟糕了，找不到水，這樣耗下去，不僅延誤戰機，而且還會有不少的人馬損在這裡，要想出一個辦法鼓舞士氣，帶領士兵走出乾旱地帶啊！」曹操想了又想，突然靈機一動，腦子裡蹦出一個主意。他在山崗上，抽出令旗指向前方，大聲喊道：「前面不遠處就有一片梅林，結滿了又大又酸又甜的梅子。大家堅持一下，走到那裡就可以吃到梅子解渴了。」士兵們聽到曹操的話後，想像著吃到梅子的酸味，就像真的吃到了梅子，都流出口水來了。大家的精神振奮起來，繼續向著前方趕路。就這樣，曹操帶領著軍隊走出了旱地，到達了有水源的地方。

曹操簡介

曹操（西元 155 年－西元 220 年正月庚子），沛國譙人（現安徽亳州市），字孟德，小字阿瞞，東漢末年著名政治家、軍事家、文學家、詩人。曹操是曹魏政權的締造者。在世的時候，擔任東漢丞相，後為魏王，去世後諡號為武王。其子曹丕稱帝後，追尊其為魏武帝，廟號太祖。

在政治方面，曹操對內消滅了二袁、劉表、呂布等割據

勢力，對外降服了南匈奴、烏桓、鮮卑等。他統一了中國北
方的大部分區域，並且制定了一系列恢復經濟生產與社會秩
序的政策。在文學方面，曹操博覽群書，擅詩歌、書法，形
成了以三曹為代表的建安文學，史稱建安風骨。

◆ 心理分析

身處在不同的時代，人們會面臨不同的壓力，例如身處戰
爭時期，人們需要躲避戰亂，面對著保全自己與家人性命的壓
力；身處和平時期，又需要面對來自社會、生活、工作等各方
面的壓力，從而導致人們在生活當中出現各種情緒問題。

曾有問卷對 2,014 名受訪者進行了調查，結果顯示，87.2%
的受訪者有過情緒失控的經歷，78.2%的受訪者坦言情緒失控給
自己帶來不小的負面影響。

在生活中，人們會因為各式各樣的事情使情緒變得起伏不
定，例如：樂極生悲、哭中帶笑等。情緒的變化會導致生理、
心理方面的變化，而生理、心理上的變化反過來也會影響情緒。

按照情緒對人狀態的影響結果，可以將情緒分為正向情緒
和負面情緒。正向情緒可以促進人的行為，而負面情緒則會導
致人的行為退化，嚴重時會導致疾病的發生。

美國心理學家曾做過一項實驗，他們把生氣的人的血液中

所含物質注射到小老鼠體內，發現小老鼠初期會呆滯、不思飲食，最後死去。人在生氣時的生理反應十分劇烈，分泌物比任何情緒狀態下都更複雜也更具毒性。有心理學家指出，人生氣10分鐘耗費的精力不少於參加一次3,000公尺賽跑。經常發生情緒失控會改變大腦對心臟的控制功能並影響心肌功能，引起突發心室顫動、心律失常，甚至導致心臟驟停。

近年來，隨著正向心理學的興起，正向情緒也越來越受心理學家和研究者們的關注，人們也越來越重視自己的情緒管理。

上文提到的調查再次針對2,014名受訪者進行的調查結果顯示：92.4%的受訪者認為提高「情緒管理能力」很重要；88.5%的受訪者認為有必要培養自己的情緒知覺意識；61.3%的受訪者認為做好情緒管理的關鍵在於樹立自信；49.5%的受訪者建議人們感到情緒高漲時可以透過深呼吸克制衝動。

情緒對人的心理狀態具有重要意義。透過情緒，個體可以感知到自己的心理狀態，而心理狀態也反映著情緒狀態，因此，我們需要對負面情緒進行有效的管理。在本計策中，應用「望梅止渴」一詞，旨在透過正向的心理暗示來調節個體的負面情緒。

心理暗示主要是透過向自己重複一些正向而積極的話語，以代替頭腦中已有的消極想法，從而改變我們負面的生活態度及自我期望。

　　心理暗示有其明顯的特徵：第一，暗示是無意識的，它並不由暗示對象主觀控制，是在不知不覺中進行的；第二，暗示是不明顯的，它的作用過程不易使人察覺到，作用的方式與方法都比較隱祕；第三，暗示是非強迫性的，它的整個過程都是在一種平和的氣氛中進行的，暗示者和暗示對象雙方都是完全自願的。

　　在個人自我成長的過程中，更多的是需要正向的自我暗示。當個體發覺自己處於負面的情緒中時，可透過五種感官元素（視覺、聽覺、嗅覺、味覺、觸覺）給予自己心理暗示或刺激，以便使自己的情緒處於正向狀態。

　　對於心理暗示，可以從內部認知和外部環境兩方面著手：

1. 內部認知

　　認知代表一個人對客觀世界的訊息的處理過程，包括感覺、知覺、記憶、想像、言語等。美國心理學家艾利斯（Albert Ellis）認為，人的負面情緒和情緒行為障礙不是由於某一激發事件直接引起的，而是由於個體對它所產生的錯誤認知和評價造成的。

　　從內部認知的角度來說，個體需要改變自身對於事情的負面認知，當自己的認知存在不合理之處時，要及時使用心理暗示等方式以便消除不合理認知的影響。

2. 外部環境

我們都知道外部環境的好壞對於人的情緒都會產生影響。正如「近朱者赤，近墨者黑」所形容的，素雅整潔的房間、光線明亮、色彩柔和的環境，使人產生恬靜、舒暢的心情；相反，陰暗、狹窄、骯髒的環境，給人帶來不快的情緒；擁擠、繁亂、嘈雜的環境會使人緊張、心煩；陰森、陌生、孤寂的環境會使人驚恐不安；優美的田園風光、湖光山色則令人神采飛揚。

在實際生活中，我們可以透過環境的改變或轉換及時調整自己的負面情緒。例如：調整或改變房屋的裝修設計、外出旅遊或者散步等。所以，對於情緒的管理，應該從內部認知開始，同時加上環境改善的輔助作用，即可達到良好的調節效果。

◆ 幸福之計

在日常生活中，積極地使用心理暗示需要做到以下幾點：

(1) 主觀：每句以「我」開始。如「我是一個有潛力的人」。

(2) 積極：使用肯定的、正面的句子，不要用否定詞語「不，沒有」等。如在考試前對自己說「我很放鬆」，而不是「我千萬不要緊張」，否則印在腦海裡的將是「緊張」這個負面意念，結果往往事與願違。

(3) 現在：盡量用現在式而非未來式。如用「我的意志力正在逐步提高」來代替「我的意志力將會提高」。

(4) 簡潔：要用簡短、精煉、有力的句子，不要冗長繁瑣。

(5) 堅持：每天花一定的時間來對自己進行正向的、富有感情的自我暗示，默唸、大聲說甚至唱出來都行。

◆ 注意事項

在自我暗示的過程中需要避免以下幾點：

1. 絕對化要求

人們常以自己的意願為出發點，認為某事物必定發生或絕不發生，它常常使人將「希望」、「想要」等絕對化為「必須」、「應該」或「一定要」等。例如，「我必須成功」、「別人必須對我好」等等。

2. 過分概括的評價

人們常常把「有時」、「某些」過分概括為「總是」、「所有」。它具體體現於人們對自己或他人的不合理評價上，典型特徵是以某一件或某幾件事來評價自身或他人的整體價值。

3. 糟糕至極的結果

有些人認為如果一件不好的事情發生，那將是非常可怕和糟糕的。例如，「我沒考上大學，一切都完了」「我沒當上部門主管，不會有前途了」。

得寸進尺：提高要求，充實自我

◆ 成語釋義

得寸進尺，意思是得了一寸還想再進一尺。指貪心不滿足，有了小的，又要大的。比喻一個人貪得無厭，慾望無法滿足。

在本計策中，以褒義解釋這個貶義詞，是指在個人成長的過程中，需要不斷地對自己提出更高的要求，不斷地充實自我。

◆ 成語故事

出自《戰國策‧秦策三》：「王不如遠交而近攻，得寸則王之寸，得尺亦王之尺也。」

戰國末期，七雄爭霸，秦國經過商鞅變法，各方面發展很快，實力逐步提高，意圖統一天下。昭王三十六年，秦昭王準備讓穰侯帶領軍隊，越過魏國、韓國兩個國家去討伐齊國。

當時秦國的策士范雎認為此方法並不可行，極力阻止秦軍討伐齊國，並向秦昭王獻上「遠交近攻」的策略。他說：「齊國距離秦國遙遠，勢力又算是強大，如果我們攻打齊國，軍隊要經過魏國與韓國，這就不符合軍法了。如果我們出兵過少則難以取勝，出兵過多又傷國力。即使我們打勝了，也要越過魏國與韓國才能到達，距離如此遙遠，恐怕很難守住，不如採取『遠

交近攻』的策略，慢慢地向外拓展，這樣所得的每一寸、每一尺土地，都將穩當地為秦國所擁有，這樣就能逐漸統一天下了。」秦昭王聽了范雎的建議後非常認同，採用了他的策略，逐漸向周圍地區拓展，領土不斷擴大，為秦國統一天下奠定了基礎。

范雎簡介

范雎，戰國時期著名的軍事家、政治家，字叔，魏國人，是秦國宰相，因為封地在應城，所以又被稱為「應候」。范雎原本是魏國中大夫須賈的門客，因為被懷疑把魏國的祕密出賣給齊國，魏國的宰相魏齊下令笞責范雎，差點把他打死，後來范雎在看守人的幫助下得以逃脫。魏國人鄭安平聽說了這件事情，帶著范雎一起逃跑，范雎改名為張祿。

半年後，秦昭王派使臣王稽訪問魏國。鄭安平設法讓范雎與秦國使臣王稽會面。張稽發現范雎是個賢才，就想帶范雎回秦國，於是范雎潛隨王稽到了秦國。范雎見到秦昭王後，提出「遠交近攻」的策略，此後，范雎還提醒秦昭王，秦國王權比較弱，需要加強王權。秦昭王在西元前266年廢除太后，並且將國內的四大貴族趕出函谷關外，封范雎為相。

在長平之戰中，范雎舉薦鄭安平出任秦國大將，王稽出任河東守。在長平之戰後，范雎借用反間計使趙國採用了毫

無實戰經驗的趙括為將，使得秦軍大破趙軍。在後來的戰爭中，鄭安平投降趙國，王稽犯了通敵之罪被殺。范雎因此也失去了秦昭王的信任。他向秦昭王推薦蔡澤代替自己的位置，辭歸封地，不久病死。

◆ 心理分析

美國社會心理學家弗裡德曼（Freedman）曾經做過一個有趣的實驗：他讓助手去訪問一些家庭主婦，請求被訪問者答應將一個小招牌掛在窗戶上，大部分人都同意了。過了半個月，實驗者再次登門，要求將一個大招牌放在庭院內，這個牌子不僅大，而且很不美觀。同時，實驗者也向以前不同意放小招牌的家庭主婦提出同樣的要求。結果前者有55％的人同意，而後者只有不到17％的人同意，前者比後者高3倍。

後來人們把這種心理現象叫做「得寸進尺效應」，又叫「登門檻效應（Foot In The Door Effect）」，是指一個人如果接受了別人的一個小要求，那麼別人在此基礎上再提一個更大的要求，這個人也會傾向於接受。

所以，在生活與工作中，要讓他人接受一個很大的甚至是很難的要求時，最好先讓他接受一個小要求，一旦他接受了這個小要求，他就比較容易接受更大的要求了。

心理學認為，人的每個意志行動都有動機存在。人的動機是

複雜的，常常面臨著不同目標的比較、權衡和選擇，但是人們總願意把自己調整成前後一貫、首尾一致的形象，即使別人的要求有些過分，但為了維護印象的一貫性，人們也會繼續進行下去。

任何事物都具有兩面性，「得寸進尺」也是一樣的。一直以來，在傳統文化中，人們將「得寸進尺」作為一個貶義詞來使用，用以斥責那些貪得無厭的人，表示做人做事要適可而止。然而「得寸進尺」也是有著正向意義的。

從個人的角度來說，在成長過程中，我們需要「得寸進尺」，我們需要在生活中不斷提高對自己的要求，不斷激發自己的潛能，不斷促進自己去學習、去打拚。

人生是一個不斷變化發展的過程，不同的階段有不同的目標。有句俗語說：「一視二聽三抬頭，四握五抓六翻身，七坐八爬九發牙，十捏週歲獨站穩。」，這是嬰兒從出生到一歲的過程中肢體活動的發展，而人的心理成長也有特定的階段。艾瑞克森（Erik Erikson）將人的一生劃分為八個階段，每個階段都需要完成特定的人格發展主題：

嬰兒期（出生至十八個月左右），獲得基本信任感而克服基本不信任感；

幼年期（十八個月至三、四歲），獲得自主感而克服懷疑感與羞恥感；

學齡前期（四至五歲），獲得主動感而克服內疚感；

　　學齡期（六歲至十一、二歲），獲得勤勉特性避免自卑感；

　　青春期（十一、二歲至十七、八歲），獲得認同感而克服角色混亂；

　　成人早期（十七、八歲至二十五歲），獲得親密感而克服孤獨感；

　　成人中期（二十五至六十五歲），獲得生活意義而克服停滯；

　　老年期（六十五歲以上），獲得完善感而克服悲觀失望。

　　由此可以看出，人的一生都需要不斷地解決各種問題，以期最終達到自我完善的目標。若某個階段的核心問題無法解決，則會對人以後的發展產生不利的影響，例如：青春期是人克服角色混亂獲得認同感的時期，倘若一個人在此階段內沒有獲得認同感，則會使他在成年以後無法協調好自己所扮演的社會角色，或者是不認同自己的性別角色，從而造成心理障礙。

　　所以在成長過程中，我們需要不斷克服困難、克服心理困惑，不斷對自己提出新要求、完善自己。要知道，每個人的潛力都是無限的，我們需要激發自己的小宇宙。

　　有關資料顯示，人類大腦 90％以上的部分都處於休眠狀態。愛因斯坦（Albert Einstein）是世界上公認的最聰明的人，那他的大腦開發了多少呢？科學家對其大腦進行解剖後發現，愛因斯坦的大腦也只啟用了 1/3，另外 2/3 仍處於休眠狀態。

　　也有專家認為，人類的潛在智商都有 2,000，但現代人的智

商一般處於 90 ～ 120 之間，若智商超過了 140 以上，這個人便可被稱為天才。可就是天才也還不到 2,000 智商的 1/10，這實在是讓人唏噓。

　　人本主義派別的心理學家也認為，人的潛能是無限的，但只有在某些情況下才會被激發。就如同曾經發生在俄國戲劇家史坦尼斯拉夫斯基（Konstantin　Stanislavski）身上的故事。

　　有一次，史坦尼斯拉夫斯基在排一場話劇時，女主角因故不能參加演出，出於無奈，他只好讓他的大姐擔任這個角色。但大姐從未演過主角，自己也缺乏信心，所以排演時演得很糟，這使史坦尼斯拉夫斯基非常不滿。他很生氣地說：「這個戲是全戲的關鍵，如果女主角仍然演得這樣差勁，整個戲就不能再往下排了！」這時全場寂然，內疚的大姐久久沒有說話，突然她抬起頭來堅定地說：「排練！」一掃剛才的自卑、羞澀、拘謹，演得非常自信、真實。史坦尼斯拉夫斯基高興地說：「從今天以後，我們有了一個新的大藝術家。」

　　因此，在成長過程中，我們需要做到的就是，不要給自己的能力設限，要不斷提高對自身的要求，不斷地超越自己。當然，在這個過程中，也需謹記是先「得寸」然後「進尺」，而不是「囫圇吞棗」、「不分輕重」地盲目行動。

　　就像老師面對一些學習障礙型的「問題學生」時，因為他們的學習基礎往往低於一般水準，老師需要遵循「小步伐、低臺

階、多幫助、多照應」的原則。讓這些學生在一步步學習的過程中，克服不愛學習的問題，最終轉變成愛學習、會學習的學生。

在個人成長的過程中，想達成最終的目標，也需要將一生的總目標分解為每年的目標、每季度的目標、每月的目標、每週的目標，甚至是每天的、每小時的目標。這樣我們才能在個人成長的過程中做到由淺入深，循序漸進，先「得寸」再「進尺」。

◆ 幸福之計

在自我成長過程中，對於某一目標的執行，我們需要做到以下幾點：首先，將目標劃分為數個小目標，然後將小目標安排到每個時段之內，即給自己的目標制定一個詳細的計畫。

其次，逐一完成自己的小目標，即先完成一個階段的目標，再完成下一階段的目標，拾級而上，最終完成所有的目標。

最後，在每個階段完成後，進行評估，檢視自己的目標是否達成。在所有的階段都完成後，進行綜合評估，檢驗自己的最終目標是否達成。

◆ 注意事項

在設定目標的過程中，要注意將目標與自己的學業、工作、生活或者愛好結合起來。同時也要注意合理安排自己的時

間，並且要做到堅持不懈。

在最後進行總目標評估時，並不是將各個階段的目標進行整合以檢驗目標達成效果，而是透過一種較為客觀公正的方式進行的。例如：英語能力，可以透過參加能力測試等方式進行檢驗。一些個人內在能力的檢測，也可以透過他人的評價來進行評判。

關門捉賊：抓住心賊，逐一改正

◆ 成語釋義

關門捉賊，是指對弱小的敵軍要採取四面包圍、聚而殲之的謀略。在本計策中，是指修身的方式。要將自己內心深處的缺點、不足，逐一進行改正。

◆ 成語故事

關門捉賊，出自《三十六計》。

在戰國後期，秦國攻打趙國，於長平（今山西高平北）受阻。長平的守將是趙國的大將廉頗，他見秦軍的勢力強大，知道不可直接對抗、硬拚，於是命令軍隊固守長平，不與秦軍直接作戰。兩軍就這樣持續了兩個多月，秦軍還是沒有攻下長平。

　　秦昭王看到這種情況，便採取了范雎的建議，採用了離間計使趙王懷疑將軍廉頗，趙王中了計，調回了廉頗，派趙括為趙國的將軍來保衛長平並與秦軍作戰。趙括來到長平後，沒有堅持廉頗堅守不戰的策略，而是主動與秦軍進行正面對抗。秦將白起一開始故意讓趙括的軍隊取得幾場戰爭的小勝利，趙括不免得意揚揚，主動地派人到秦營下戰書，這樣正好合了白起的意，他開始兵分幾路，準備從四周包圍趙括的軍隊。

　　第二天，趙括親自率領 40 萬大軍與秦軍進行決戰。趙括因前幾次戰爭都贏了，便有些輕敵，一心只想著能打贏這場仗，卻不知道這是一個誘敵之計。趙括帶領軍隊一直追趕著被打敗的秦軍，一直追到秦軍修築防禦的地方。秦軍一直堅守著不出來，趙軍一連數日也攻克不下來，於是就退了兵。就在這時，趙括收到訊息，說秦軍已經攻占了趙軍後營，截斷了趙軍的糧道，並已將趙軍團團圍住。連續 46 天，趙軍糧草斷絕、飢累交加。趙括只能拚命突圍，但是秦將白起部署嚴密，趙括最後沒有突圍成功，中箭身亡。趙軍大亂，40 萬大軍就這樣全軍覆沒。

◆ 心理分析

　　在《王陽明全集‧與楊仕德薛尚謙書》中有一句話「破山中賊易，破心中賊難」。用白話來講就是，捉拿造反的百姓容易，

但是內心的造反思想卻很難看透澈。

為什麼會「心賊難捉」呢？心賊隱藏在人的潛意識中，不容易被發覺。那麼「心賊」指的是什麼呢？在《西遊記》第四十回「心元歸正，六賊無蹤」中，孫悟空一棒打死的六個小賊，其本意指的便是唐僧心中的「貪、嗔、痴、恨、愛、惡、欲」六種惡念。用通俗的話來說，即指人的七情六慾。

身為一個普通人，我們沒有辦法完全摒棄自己的慾望，因為慾望正是追求夢想的動力，當然這裡的慾望不包括貪婪、報復等負面慾望。我們需要做的是克服內心的各種軟弱之處。

有許多名人正是勇於面對自己的缺陷、勇於克服那些不足，才創造了許許多多的奇蹟。史蒂芬·威廉·霍金 (Stephen William Hawking) 是人類歷史上最偉大的人物之一，被譽為「宇宙之王」。在他正處風華正茂、意氣風發之時，卻被告知患有肌肉萎縮性側索硬化症，即漸凍人症，並且當時的醫生都斷言他活不過 23 歲，但霍金憑藉自己超強的意志力，一直與病魔對抗，2018 年 3 月 14 日霍金逝世，享年 76 歲。

在此期間，霍金積極克服對疾病的恐懼，僅僅依靠三根手指提出了「黑洞理論」，成為物理史上的重要理論；他寫下《時間簡史：從大爆炸到黑洞》，被翻譯成四十餘種文字，銷售逾一千餘萬冊，但因書中內容極其艱深，在西方被戲稱為「讀不來的暢銷書」。他的腳步並不僅僅局限在物理界，他還參演了眾多

影視作品，諸如《星際奇航記》、《辛普森家族》、《飛出個未來》等，這使他成為大眾媒體眼中的寵兒。這樣的生命韌性，為他不平凡的一生創下眾多的奇蹟。

其實像霍金一樣堅韌的人還有很多，如《假如給我三天光明》的盲人作者海倫．凱勒（Helen Keller），創作出《命運交響曲》的音樂家貝多芬等等。他們無一不是在克服自身生理缺陷的情況下，用樂觀的人生態度，創作出為人驚嘆的作品。

對於這些人來說，他們所克服的不僅僅是生理上的缺陷與不足，他們還克服了內心由於生理缺陷所帶來的恐懼，即生命的軟弱之處。正如人本主義心理學的先驅阿德勒（Alfred Adler）所說的那樣：「我們每個人都有不同程度的自卑感，因為我們都想讓自己更優秀，讓自己過更好的生活。」而這種自卑恰好是阻礙我們在個人成長道路上的絆腳石。阿德勒在《自卑與超越》中寫道：「人的一生很短暫，生命很脆弱，我們還需要不斷地克服困難、完善自己，絕不能放棄努力尋求生命的意義。」我們需要不斷地去克服生命中的弱點，才能在人生道路上創造出屬於自己的輝煌。

但我們如何才能發現自己的不足之處呢？倘若是信佛之人，他會告訴你說：「靜坐，然後冥想。」倘若是教育學家，他會告訴你：「尋找自己的最近發展區。」倘若是學者，他會告訴你：「多讀書、讀好書。」曾子則會說：「吾日三省我身。」

　　不同的人有不同的尋找自己弱點的辦法，但在不同的辦法中，最重要的一點就是要學會反省自己，而且是深刻地反省自己，反省自己當下的所作所為，也反省自己的過往經歷。

　　失敗是成功之母，我們只有從過往的經驗當中去尋找，才能發現自己的不足。另外，仁者見仁、智者見智，每個人對自己的了解是不一樣的，會隨著時間、閱歷的變化而發生改變，我們還需要時刻關注自我、反省自我。當然我們也可以讓身邊的親戚朋友幫忙找出我們的弱點。這種弱點可以是你自己覺得有待提升的特質，也可以是性格中缺少的部分。這個過程可以稱為「關門捉賊」的前提，稱之為「找賊」。

　　在找到自己的不足之處，也就是完成了「找賊」後，接下來我們要做的就是「捉賊」了。但是要怎麼「捉賊」呢？這就需要先「關門」了。只有把門關緊，才能避免「賊」往外跑。在我們克服內心的「賊」的時候，也需要守好自己的心門，不能讓「心賊」有可逃之處，這樣才能消「心賊」，達成自我成長。

◆ 幸福之計

　　在克服自己心理缺陷的過程中，需要掌握以下幾點：

(1) 找準自己的心理不足是屬於哪種類型。

(2) 為克服不足之處確立一個恰當的目標，並且制定提升的具體計畫。假如你對自己制定的目標及計畫不是很確定，可

以向專業人員進行諮詢，以確保這個計畫是適合自己的，並且是確實有效的。

(3) 執行計畫，並且在執行的過程中嚴格按照計畫落實。

(4) 當計畫執行完成以後，對執行情況進行評估。評估包括自我評價和他人評價，以便客觀正確地對待計畫實施的效果。

(5) 反省整個執行過程並總結自己獲得的經驗。

◆ 注意事項

在實施計畫的過程中，需要注意以下幾點：

(1) 計畫中欲提升、加強的能力，確實是自己強烈渴望加強的。

(2) 計畫的實施需要循序漸進。一旦發現計畫進展得過於緩慢或者過快，甚至是和原有目標相違背的，就需要及時做出調整。

(3) 如果在計畫的實施中，造成了嚴重的心理問題，或者是超出了一個人的極限，就需要立即停止。

當仁不讓：學會擔當，不忘初衷

◆ 成語釋義

當仁不讓，原意是指以仁為任，無所謙讓。後指遇到應該做的事就積極主動去做，不推讓。

本計策中，指的是在成長過程中，要勇於承擔責任，特別是在遇到難事時，要主動出擊。

◆ 成語故事

當仁不讓，出自《論語‧衛靈公》：「當仁，不讓於師。」

子張問仁於孔子，孔子曰：「能行五者於天下，為仁矣。」請問之。曰：「恭、寬、信、敏、惠。恭則不侮，寬則得眾，信則人任焉，敏則有功，惠則足以使人。」

孔子的學生子張問孔子：「究竟何為『仁』？」孔子回答說：「做到恭、寬、信、敏、惠五點即可。」子張又問：「如何做到恭、寬、信、敏、惠呢？」孔子回答說：「沒有放肆的心叫恭；心地不狹窄叫寬；沒有欺詐的心叫信；沒有怠惰的心叫敏；沒有苛刻的心叫惠。一個人如果沒有仁德，就不能稱之為人了。如果一個人承擔了『仁』的事，就要勇往直前地去做，不可有半點謙讓之心。即使老師在面前，也不必謙讓他。」

◆ 心理分析

仁，是儒家學派最高的行為準則，是孔子思想體系的核心。孔子把「仁」定義為「愛人」，並將其解釋為：「夫仁者，己欲立而立人，己欲達而達人。」另外孔子在回答子張的問「仁」時，回答道：「能行五者於天下，為仁矣。」「五者」為何呢？子曰：「恭、寬、信、敏、惠。恭則不侮，寬則得眾，信則人任焉，敏則有功，惠則足以使人。」

孔子認為，「仁」並不是被他人或者外界所強加的，而是不論你身處什麼環境、居於何種職位，都要無條件地去實行「仁」道。真正的仁義之士，能在自己能力所及的範圍內，承擔起於他人有益、於社會有益的重任。

縱觀現代社會，伴隨著科學的高速發展，人們的生活變得越來越便利，越來越豐富多彩，但是隨之而來的社會問題也越來越多。如傳銷集團的盛行、假冒偽劣貨品的猖獗、以己度人心態的蔓延。他們都是打著「仁義之師」的口號，做的卻是傷害他人、破壞社會風氣的事情。

這種行為已經嚴重汙染了「仁愛」這一美德，已經嚴重破壞了人文文化。如今，我們需要對「仁」有一個新的解讀。

古人常說，「修身、齊家、治國、平天下」，由此可以看出，修身就是「仁」的第一步，也是最重要的一步。就像有句話說的，「我們不能改變這個世界，但是我們能改變自己」。所以，

我們對「仁」的解讀應從自身的角度出發。

　　「仁」包括我們應盡的義務，例如依法納稅、遵守交通規則等；「仁」也包括我們對道德倫理的遵循。道德倫理中的仁更多的是來源於內心，是一種完全發自情感的自發性行為，例如愛護環境、尊重他人等。

　　另外，我們在與人交往時，也要發揮「仁愛」精神。曾子曰：「吾日三省吾身，為人謀而不忠乎？與朋友交而不信乎？傳不習乎？」這個內省就涉及兩個方面：修己和交友。對朋友要誠信，替人做事要盡心，這就是「仁愛」精神。

　　我們所要做的仁義之事主要包括三類：正義之事、分內之事以及對自己成長有益的事。

1. 正義之事

　　指對他人有益的事情，而這樣的事情必定是符合一定社會道德規範的行為。只要符合正義的標準，事無大小，都需要我們去實施，切忌「勿以惡小而為之，勿以善小而不為。」但是需要注意的是，做正義之事，也需要量力而為。

2. 分內之事

　　指我們扮演的社會角色應盡的職責。身為一位公民，必須遵紀守法；為人子女，贍養父母；為人父母，愛護子女等等，這些都是我們要做到的事情。具體來說，就是身為老師要教好

自己的學生，身為學生就認真上課。只有我們將分內之事做好，才能做好其他的事情。

3. 對自己成長有益的事

指我們成長所需要的歷練。常言道「退一步海闊天空」，但在生活中，能夠讓我們有所成長的事情，我們是絕不能退讓的，但這並不意味著我們可以為了成長不顧一切。正確的做法應是把握機會、勇於創新，樹立正確的「爭」與「不爭」觀念，勤奮地工作，讓自己的生命在不知不覺中變得豐富。

總而言之，在成長路上，我們需要做的就是要理智而客觀地認識這個世界，持之以恆地將「仁」作為自己本心的修養，同時行仁義之事，做到勇於做、樂於做於他人有益、於社會有益，也於自己有益的正義之事。如果能做到這些，就達到了做人的最高境界。

◆ 幸福之計

在「當仁不讓」的過程中，我們需要做到：

(1) 明確自己的職責所在，勇於承擔自己應當盡到的責任，不為自己找藉口。做好分內之事才是我們做正義之事的開始。

(2) 不忘初衷。即使社會在變、人心在變，我們始終要堅守「仁愛」，採取積極、正向的行動，使自己更加適合當前的角色和地位。

(3) 我們認定的正義之事就要堅定做下去，不要半途而廢。

◆ 注意事項

　　事無大小之分，只要是正義的事情，我們都要「當仁不讓」，切忌「勿以善小而不為，勿以惡小而為之」。

第四章

情緒篇

　　情緒，是對一系列主觀認知經驗的通稱，是多種感覺、思想和行為綜合產生的心理和生理狀態。最普遍、通俗的情緒有喜、怒、哀、驚、恐、愛等。情緒無好壞之分，一般只劃分為正向情緒、負面情緒兩類。正向情緒能為人們的神經系統增添新的力量，能充分發揮有機體的潛能，提高腦力和體能的效率和耐久力。正向情緒往往因責任感、事業心、期望、奮鬥的目標、榮譽感等刺激而產生，主要包括快樂、滿意、興趣、自豪、感激、感恩和愛等。

　　與正面情緒相反，負面情緒對身體或心理有嚴重的破壞作用。負面情緒的產生是因人因時因事而異的，產生的原因主要有：對「應激源頭」產生的反應；在工作或學業、生活中遭受了挫折；受到他人的挖苦或諷刺；莫名其妙的情緒低落等。負面情緒包括：憂愁、悲傷、憤怒、緊張、焦慮、痛苦、恐懼、憎恨等。

　　正面情緒與負面情緒是相對而言的。面對生活的壓力與問題，若正面情緒戰勝了負面情緒即會促進人的進步，激發人性的優點；若負面情緒戰勝了正面情緒即會阻礙人的進步，激發人性的缺點。

　　在本篇中，更注重的是培養正向情緒和控制負面情緒。在此主要分為六個計策：

　　第一計，「感恩戴德」，引導我們要心懷感恩之心，建立正

向、積極看待事物的視角。

第二計，「釜底抽薪」，告訴我們解決負面情緒，必須要追根究柢。

第三計，「以情致勝」，要多接受正向情緒的影響，減少負面情緒的感染。

第四計，「不能自已」，要多進行情緒疏導，不要過於壓抑自己的情感表達。

第五計，「指桑罵槐」，告訴我們要有智慧地宣洩情緒。

第六計，「慈悲為懷」，告訴我們要有正向情緒，同時也不能消滅負面情緒。

感恩戴德：要有感恩之心

◆ 成語釋義

感：感激。戴：尊奉、推崇。感恩戴德，意思是感激別人給予的恩惠和好處。

本計策旨在告訴我們，情緒管理要心懷感恩之情，用正向的情緒看待周圍的人、事、物。

◆ 成語故事

　　感恩戴德來源於《三國志・吳志・駱統傳》的第五十七卷。駱統經常諫言於其主公孫權，讓孫權用尊重的態度對待賢良之士並重視探究時弊；當饗宴賞賜時，可以讓大家分別晉見，對他們噓寒問暖，建立雙方的情誼並留心他們的志向和興趣，使他們說出心裡話，進一步對主公懷有報答之心。而後孫權接受了駱統的建議，也因此成功地攏絡了部下。

駱統簡介

　　駱統（193 年－ 228 年），字公緒，會稽烏傷（今浙江義烏）人。在三國時期成為吳國的將領，官至偏將軍、新陽亭侯、濡須督。在建安十七年，孫權曾以討虜將軍身分兼任會稽太守，當時駱統年 20 歲，被任為烏程國相，烏程百姓超過萬戶，孫權嘉獎其為功曹並代行騎都尉，還將堂兄孫輔的女兒嫁給他為妻。黃武二年，駱統隨陸遜在宜都擊敗劉備，因其軍功而升至偏將軍。同年，駱統與嚴圭共同擊退曹仁的大軍而被封為新陽亭侯。黃武七年駱統去世，年僅 36 歲。

◆ 心理分析

　　遇到不順心的事情時，抱怨是人們發洩不滿情緒的常見方式。但是有些人卻把抱怨當成了一種生活習慣。他們一天到晚

這也看不慣、那也看不慣，怨氣衝天、滿腹牢騷。總覺得別人欠他們、社會欠他們，他們很難發現別人對他們的付出，在他們眼中，所有發生在自己身上的事情都是麻煩的。他們就像生活在泥土裡的蚯蚓，即使有一天從土裡鑽出來了，也感受不到陽光的明媚。

整天抱怨的人是不幸的，但他們的不幸是由自己的負面思想造成的。有一句話這樣說：「佛心看人，人人是佛；鬼心看人，人人皆鬼。」經常抱怨的人本身就是一個消極而負面的人，因此他們眼中，周圍的世界也是灰暗無光的。

說到這裡，我想起了一個有趣的故事，說的是蘇東坡與他的好朋友佛印高僧。

有一次蘇東坡拜訪佛印，兩個人正談得興起，蘇東坡突然披上佛印的袈裟問：「你看我像什麼？」佛印答：「像佛。」然後問蘇東坡：「你看老朽像什麼？」蘇東坡正得意忘形，便哈哈大笑著說：「我看你像一坨牛糞！」佛印笑了笑不再言語。事後，蘇東坡在得意之餘，將此事告訴了蘇小妹。不料蘇小妹卻當頭給他潑了一瓢冷水：「這下你可輸慘了。」蘇東坡不解，問：「此話怎講？」蘇小妹答：「心中有何物就看到何物，佛印心中有佛，所以看你就是佛；而你心中有汙穢之物，你看到的自然就是牛糞。」

心中有什麼，就會看見什麼。生活中，有人會經常抱怨身邊總是有小人在作祟，會抱怨自己總是遇不到好人。這其實就

是他們的「小人心理」在作祟。古人常說的「君子坦蕩蕩，小人長戚戚」便是如此了。

如果我們想成為君子，就需要轉化視角，以一種正向、積極的想法看待自己身邊的人與事。當我們不再抱怨，而是心懷感恩之心，就會發現世界如此多彩、他人如此可愛，原本的一切都不一樣了。

常懷感恩之心，並不是一句心靈雞湯，而是實實在在的知恩圖報。其實從我們出生開始，就接受了父母對我們的養育之恩、老師對我們的教育之恩、他人對我們的協助之恩。我們接受別人的恩情，就應當懷以感恩之心，感謝別人的付出與貢獻。

另外，感恩之心可以稀釋心中的狹隘和蠻橫，還可以幫助我們化解內心的痛苦和憂患。常懷感恩之心，我們就能夠逐漸原諒那些曾經傷害過我們的人，從而使我們的心胸更加寬闊、人生之路也更加寬廣。

英國作家薩克萊（Thackeray）說：「生活就是一面鏡子，你笑，它也笑；你哭，它也哭。」只要我們常懷一顆感恩的心，就必然會不斷地湧出諸如溫暖、自信、堅定、善良等美好的品格。自然而然地，我們的生活中便有了一處處動人的風景。

從人類進化的角度講，其實從人類生命的起源開始便蘊含著感情的細胞，當外界的某些因素刺激到了這些感情細胞後，人的內心就會出現一種感激之情和行為上的報答現象。特別是

當一個人讓對方感覺到他是真正關心對方時，對方內心產生的感情層面的負債感會更嚴重，在這種負債感的驅使下，對方會甘願地為這個人做許多事情。

然而現在我們很多人會將負債情感忽視掉，也有的人口頭上說著感恩的話語，但內心並沒有什麼感恩之情。他們將別人的付出當成了「理所當然」，甚至有時候只想著索取，而不想付出。

因此我們需要一顆感恩的心，即使不是為了減輕心中的負債感，也可以讓我們從正面的角度去看待他人的付出和貢獻，進而更能明白「己所不欲，勿施於人」的價值，進一步讓我們在處理人、事、物的過程中做出更好的權衡。

了解過後，我們會發現那些會感恩的人身上具有兩種特質，一是沒有什麼是應該的，二是珍惜當下所擁有的一切。

沒有什麼是應該的。這樣的人明白，別人幫我們所做的一切都是別人給予我們的恩情，並不是他們本來就應該幫我們做什麼。我們不能把他人的恩情當成「理所當然」，更不能在拚命地索取時，還在不停地抱怨和埋怨。

珍惜所擁有的。這些人明白，現在我所擁有的一切都是別人施與的恩情，是不能隨隨便便丟失和拋棄的。要珍惜這來之不易的福分。生活中的很多非議都是「閒人」在議「忙人」，「小人」在論「君子」，感恩的人從不會輕易抱怨生活中那些不完美的事情，反而是以虔誠的態度對待生活中的一切。

　　總而言之，在正向情緒的世界中，我們需要有感恩的情懷，更要有感恩的行動。

◆ 幸福之計

　　首先，透過冥想回憶，找出在生命中對你人生影響最大的人，即你生命中的貴人，至少三個。

　　其次，回憶與他們交往的過往經歷，寫一封感謝他們的信，告訴他們你對他們的感激之情。寫完之後，找到他們的地址和聯繫方式並聯繫他們。

　　再者，與他們取得聯繫後，約定一個時間，進行一次感恩拜訪，站在他們面前讀出這份感謝信。

　　最後，在完成感恩拜訪之後，與他人分享感恩之旅的感受，並且進行總結分析。

◆ 注意事項

(1) 倘若我們寫完感謝信之後，找不到對方的聯繫方式，我們可以故地重訪或者找幾個朋友，讓他們共同聆聽你對恩人的感謝信。

(2) 對於我們經常接觸的恩人，感恩信並不是最好的感恩方式，只有實際行動才能見證你的感恩之情。

(3) 感恩並不是一時的行為，需要長時間的堅持。

釜底抽薪：調節負面情緒

◆ 成語釋義

釜底抽薪，原意是指把柴火從鍋底抽掉，才能使水止沸。比喻從根本上才能將問題徹底解決。

◆ 成語故事

本計策是指在情緒管理過程中，我們需要對負面情緒採取追根究柢的方式，才能緩解、消除其負面影響。

成語釜底抽薪語出北齊魏收的《為侯景叛移梁朝文》：「抽薪止沸，剪草除根。」為《三十六計》中第十九計。

早在春秋時期就有以釜底抽薪為計謀的事例存在。春秋時期，齊國與魯國互為鄰國。當齊國的一代賢相晏嬰故去之後，鄰居魯國卻在孔子等賢臣的輔佐下呈現出一片和平的景象。身為齊國君主的齊景公感到深深的不安。

齊國大夫黎鉏向齊景公獻策說：「魯國現在國富民安、遠離戰事，民眾一心思安，再加上魯國主公魯定公喜好女色，我們可以獻上一批美女，使其沉溺於女色，聲色犬馬、無心國事。等輔佐他的人離心離德之後，孔子等大臣便會離開魯國了。」

齊景公納用了黎鉏的計策，從齊國挑選出 80 名能歌善舞、

儀態萬千的美女送往魯國國都曲阜。當這 80 名美女到達曲阜後，在城內引起了巨大**轟**動，時任魯國宰相的季斯也為之傾倒，魯定公便將其中的 30 名美女賞賜給季斯。自此，君臣兩人日日夜夜沉溺於酒色之中無法自拔，對朝政不管不問。

孔子的學生子路得知這種情況後，勸誡自己的老師離開魯國，另尋出路。孔子說：「國家的郊祭馬上就要到了，若是定公連郊祭都忘了的話，我們再走也不遲。」到了郊祭當日，魯定公只是走走過場就匆匆返回宮中，與美女們盡情享樂去了。

魯定公此舉違背了孔子治國以禮的根本理念，因此孔子忍無可忍，帶著一眾弟子憤然離開魯國，去周遊列國了。魯國失去了孔子這一賢臣，國力日漸衰敗，由此，齊國用美女「抽薪」的計謀取得了巨大的成功。

◆ 心理分析

我們每個人或多或少都會面臨一些不順心的事，這些不順心的事自然會使我們產生負面情緒。

在產生負面情緒後，有些人能夠及時發覺並有效調整，但有些人卻會不知不覺地深陷其中。長時間處於負面情緒中，不僅會影響我們的工作和生活，而且會使自己的壞心情進一步加劇、惡化。

在情緒調節中，我們知道若正面情緒戰勝了負面情緒，即

會促進人的進步，激發人性的優點；若負面情緒戰勝了正面情緒，即會阻礙人的進步，激發人性的缺點。所以我們需要有效調整負面情緒。

當然，這種調整不僅僅是調整負面情緒，還要調整負面認知。因為情緒都是由認知所引起的，我們必須弄清楚引起負面認知的原因，才能以最快、最有效的方式對負面情緒進行調節。

因此，在情緒調節中，最重要的一步就是要對情緒進行追本溯源，找到引起負面情緒的根本原因，才能「對症下藥」，達到「藥到病除」的效果。

在情緒調節的過程中，我們需要做到以下幾點：

1. 進行情緒覺察，即情緒狀態是否與當時的情境保持一致

我們需要弄清楚自己的情緒狀態，是否和當時所處的情境相一致。舉例來說，當我們處於緊張的工作狀態時，我們的情緒應是處於稍高的焦慮狀態，這樣才有助於工作效率的提高；當我們準備睡覺或者在休息時，應是處於放鬆的狀態，這樣才能使身心得到有效的休養。

2. 理性應對情緒，即了解什麼樣的情緒狀態才是需要進行管理的

情緒沒有好壞之分，關鍵在於我們面對情緒的態度，我們要弄清楚什麼樣的情緒才是需要調節的，什麼樣的情緒是不需要調節的。

　　例如：適當的焦慮能夠促使人們努力工作、認真讀書，進一步提高工作與學習的效率。這樣的狀態我們不僅不需要改變，反而應該維持。而當我們的焦慮情感過多或過少時，我們都應該進行及時的調整，使自己的情緒狀態和自己的學習或工作狀態保持一致。

3. 要保持穩定的情緒狀態

　　穩定的情緒狀態有助於生活及工作的正常進行，甚至還能提升效率；而不穩定的情緒狀態傷害的不僅僅是自己，周圍的人也會因此受到影響。有些人脾氣一上來，就會口不擇言，甚至還會與他人發生肢體衝突；有些人的情緒波動大會自虐，嚴重者還會自殺。

　　所以當情緒出現忽高忽低的狀態時，我們需要進行及時的調整。

4. 追本溯源，制定情緒的調整策略

　　我們在清楚了解自己的情緒狀態後，就需要制定相應的調整策略。

　　對於那些不合理的認知或者想法，我們需要將其視為主要調節對象。

　　紓解情緒的方法有很多，有些人會痛哭一場；有些人找三五好友訴苦一番；有些人會逛街、聽音樂、散步或逼自己做別的事情以免想起那些不愉快的經歷；比較糟糕的發洩方式是

喝酒、飆車，甚至自殺。值得注意的是，紓解情緒的目的是給
自己一個整理想法的機會，使自己更有能量去面對未來。如果
紓解情緒只是為了暫時逃避痛苦，那是沒有任何效果的。

　　總之，在管理情緒的過程中，我們不僅要了解自己的情緒
狀態，還需要有效地調節情緒。

◆ 幸福之計

　　情緒管理中，我們需要學習調節方法，以下介紹幾種：

(1) 透過培養興趣，陶冶自己的性情。例如琴棋書畫等文藝活
　　動，能夠為自己提供情緒發洩的空間。

(2) 運動。例如打球、健身等，不僅能鍛鍊身體，還能透過鍛
　　鍊發洩負面情緒、調整情緒狀態。

(3) 身邊一定要有兩、三個知心朋友。分享快樂使快樂加倍，
　　分享痛苦使痛苦減半。如果自己在情緒狀態不佳時，及時找
　　人傾訴分享，也是非常有效的紓解方式之一。

(4) 透過寫日記整理自己的思緒。這是一個必然的規律，寫在
　　紙上的越多，積在心裡的越少。在寫日記時，也可以梳理
　　自己的情緒。

(5) 為自己創造一個輕鬆快樂的環境。比如在房間內放香薰、
　　音樂、植物等物品，透過燈光設定，讓環境變得心曠神怡。

◆ 注意事項

正所謂「貪多不爛」，調整情緒的方法不宜太多，只要找到適合自己的就好。

◀ 以情制勝：不要被「壞」情緒感染 ▶

◆ 成語釋義

以情制勝並不算成語，但用在此處是作為一個心理學計策，是借鑑出奇制勝這個成語的形式和含義，本意上是指用情感打動人心、取得勝利。

在本計策中是指在管理情緒的過程中，我們要學會用「情緒感染」調整自己的情緒，接受正向情緒的影響，避免負面情緒蔓延。

◆ 成語故事

著名導演李安的電影常常都是以情致勝，他的電影從不受題材局限，也不曾被類型所束縛，皆是因「情」而起。

早年並稱「父親三部曲」的《囍宴》、《推手》與《飲食男女》，講的都是父輩與子女的感情，李安在電影中放入了很多自

己的經歷。電影裡面煮菜、練太極，或者婚禮前新郎新娘跪在父母面前聽訓的細節，都來源於他的真實生活，甚至很多臺詞都是他與父親在家裡的對話。

自小生長在傳統的家庭中，李安的「電影夢」一直不被父親所支持。直到多年後的一次採訪，父親用電影《囍宴》裡的「父親」角色高舉雙手的動作來表達自己，才算是真正默許了他的逐夢之路。

◆ 心理分析

有一個故事：一個小男孩心情不好，看到一隻小貓，便狠狠地踢了牠一腳，嚇得小貓狼狽逃竄；小貓受了驚嚇，見到一個西裝筆挺的老闆便喵喵大叫；心情不好的老闆在公司裡對他的女祕書大發雷霆；女祕書回家後把怨氣一股腦地撒給了莫名其妙的丈夫；第二天，身為老師的丈夫對一個學生一頓臭罵；挨罵的學生心情很差地回家，在回家的路上又碰到了那隻小貓，於是他二話不說，又一腳踹向了那隻貓……這是心理學上著名的「踢貓效應（Kick the cat）」，描述的是一種典型的負面情緒的傳染。

生活當中，我們會發現不論是壞情緒、好情緒都具有傳染性。當我們看一個非常緊張的人在臺上演講時，我們也會不知不覺地感覺到緊張；當我們看到朋友們開心時，自己就很容易融入其中。

　　然而有時候，我們也會不自覺地將自己的情緒帶到他人身上，當我們悲傷時，好像看到任何人都是不開心的，有一種「感時花濺淚，恨別鳥驚心」的感覺；當我們快樂時，好像看到任何人都是開心的，有一種「荷塘雨後花含笑，碧柳垂絲曉風微」的心情。

　　正如我們在聽音樂時，那些歡快的歌聲能夠使我們變得快樂，而那些悲傷的曲調也會感染著我們的傷感情緒；正如我們看電視劇時會受到劇中主角情緒的影響，看到主角痛苦，觀眾也會跟著難受，看到主角獲得幸福，觀眾也會倍感欣慰。

　　這種現象在心理學中稱為「情緒感染（Emotional Contagion）」，它是指人們可以透過捕捉他人的情緒來感知其情感變化的過程。用一個成語來說就是「察言觀色」。

　　在情緒感染的過程中，不論是積極情緒還是負面情緒，其傳染的時間都是非常快。曾經有美國學者發現，情緒感染力的速度之快，不到一眨眼的功夫，而當事人並沒有覺察到這種情緒的蔓延。他們還發現情緒感染是一種本能。在與人交談時，每個人都會下意識地效仿對方的面部表情、動作姿勢、身體語言以及說話節奏。

　　這樣的情緒感染在熟人之間更容易發生。就像在一個班級內的學生，一旦有一部分學生安靜地學習，其他人也會變得安靜下來。而且我們會發現，那些活潑班級的學生基本上都是活

潑的，而安靜班級的學生也基本上都是安靜的。

對群居的我們來說，日常生活會受到其他人的影響。正向情緒的影響可以讓我們感受到快樂和活力；負面情緒的影響卻會讓我們心情低落，提不起精神。因此，如何管理我們的情緒、避免負面情緒的感染是非常重要的。

1. 我們需要完善自己的個性。自傲、好勝、自卑、消極、好面子、虛榮、嫉妒、貪婪等不良個性會容易讓人產生一些負面情緒，而個性堅強、自信的人則會很少受到他人的情緒影響。不知道大家有沒有注意到，那些心直口快、心裡藏不住事情的人往往都擁有較為負面的個性；而那些做事雷厲風行的人，往往都是不容易受別人影響的。

2. 我們要增強個人修養。一個修養好的人，遇到不好的事情時，往往會直接解決問題，而不是抱怨。同時他也擁有良好的情緒管理能力，在遇到不順心的事情時，即便想發火也會盡量控制自己的負面情緒，甚至在別人惡語相向時依然能夠保持自己的風度。

3. 我們要多接觸美好的事物。美好的事物能喚起美妙的感覺，不僅可以讓我們心情舒暢，還可以讓我們的身體得到放鬆。因而我們要多接觸一些能令心情放鬆的、美好的事物，例如聽一些令心靈放鬆愉快的音樂，看幾場讓人捧腹大笑或者溫馨的電影，去郊外呼吸大自然的新鮮空氣……

4. 我們要找到支持的力量。外界的支持可以讓我們感受到被愛、被尊重等正向情感，即使身受負面情緒的影響，外界的支持也能讓我們看到希望的曙光。這種支持可以是一個環境，也可以是某一物品，當然最好是身邊的一個人，他可以隨時隨地給我們加油打氣。

在管理情緒時，我們要多從自身的角度出發。在「以情制勝」計策中，我們要學會多接受正向情緒的感染，多使自己的身心得到滋潤，強化個人的內在正向特質；同時我們要避免負面情緒的蔓延，以免擴大內心的負面狀態。

◆ 幸福之計

不管是有意識還是無意識，情緒總是會被傳染。那我們應該如何避免被「壞」情緒傳染呢？

(1) 離開讓你產生壞情緒的場所。一個人沉浸在壞情緒中時，一個眼神、一句話都可能會成為導火線。所以三十六計，走為上策，離開那個可能成為導火線的場所，讓自己的頭腦保持冷靜。

(2) 冷靜一分鐘後再開口說話。一分鐘很短，然而在發生爭執前暫停一分鐘是非常寶貴的，這樣可能會避免一場爭鬥、挽回一場災難。當我們的情緒上來時，先數到 10，然後再說話，假如怒火中燒，那就數到 100。

(3) 轉移你的注意力。生氣的時候不妨把那件事情丟開，看看電視，唱唱歌，聽聽音樂，做一些輕鬆的事情。

(4) 合理宣洩。將「壞」情緒以合理的方式宣洩出來，如找個沒人的地方大聲喊出來。

◆ 注意事項

當我們的負面情緒不能很好地宣洩時，就要尋求外界的幫助，例如諮詢心理諮商師等專業人員。切忌讓負面情緒繼續蔓延。

◀ 不能自已：不要壓抑自己的情緒 ▶

◆ 成語釋義

不能自已，意思是不能抑制自己的感情。

本計策中，指要多多疏導情緒，不要過於壓抑自己的情感。

◆ 成語故事

不能自已一詞來源於唐代詩人盧照鄰的〈寄裴舍人遺衣藥直書〉：「慨然而詠『富貴他人合，貧賤親戚離』，因泣下交頤，不能自已。」

盧照鄰簡介

　　盧照鄰（約西元 636 年－約西元 680 年），字升之，自號幽憂子，幽州范陽（今河北涿州）人，初唐時期著名詩人，與王勃、楊炯、駱賓王在文學造詣上齊名，並稱為「初唐四傑」。盧照鄰擅長七言歌行，其中的〈長安古意〉、〈元日述懷〉、〈十五夜觀燈〉、〈相如琴臺〉和〈送梓州高參軍還京〉等著作都獲得了廣泛的讚譽。另著有七卷本的《盧升之集》和明代張燮輯注的《幽憂子集》流傳於世間。盧照鄰自小出生於名門，並先後師從王義方和曹憲等名師。之後，盧照鄰為鄧王李元裕府典簽，受到了鄧王的器重，借用工作之便利得以閱覽群書，從中獲益很多，為以後的成就打下了基礎。在其政治生涯中，盧照鄰曾調任益州新都（今四川成都附近）尉一職，卻由於〈長安古意〉得罪武則天的姪兒武三思而入獄。出獄後，盧照鄰因感染風疾而轉居多地，最後由於政治上的失意和長期病痛的雙重折磨而自投潁水，享壽約 60 歲。

◆ 心理分析

　　隨著社會壓力越來越大，很多時候我們不能把自己的負面情緒發洩出來，特別是一些讓自己顯得有些脆弱的情緒。

　　為什麼我們會壓抑自己的情緒呢？首先從自身來說，我們希望在他人眼中的形象是強大的，因為激烈的競爭狀態以及一些道德倫常的關係，讓我們認為不能在他人面前示弱，否則就可能會被淘汰。其次，因為愛的原因，有的時候我們為了不傷害他人，也會強迫自己壓抑自己的情緒，比如當你逐漸長大，父母或者伴侶想要控制你做某些事的時候，你會覺得很憤怒，覺得自己的界限被侵犯了，但大腦可能會告訴你：「他們很愛你，這麼做也是為你好，你不應該生氣。」

　　從佛洛伊德潛意識的角度來說，個體把意識不能接受的衝動、矛盾、情感等排斥到意識之外，壓抑到潛意識之中，但是被壓抑的痛苦並未真正消失，只是由意識領域轉入到潛意識領域，它們常常以偽裝的方式表現出來，以求得暫時滿足。像夢中的言行和酒後吐真言，都是壓抑到潛意識中的慾望，趁著意識的辨別能力較弱時現形出來。然而我們需要注意的是，過多壓抑情緒，會讓身心備受傷害。

1. 過度壓抑情緒，會讓我們慢慢地形成自我否定的想法

　　它會讓我們變得不再相信自己的內心感受，開始壓抑最真實的自己。我們的內在越來越匱乏，整個人也越來越無力，殊不知正是因為這些所謂的「憤怒」、「厭惡」、「煩惱」、「悲傷」等負面情緒的存在。

2. 過度壓抑情緒，是對人際關係的破壞

人與人之間的連結，離不開情緒的溝通，這其中包括快樂、滿足等正面情緒，也包括悲傷、憤怒、嫉妒等負面情緒。很多時候，我們為了維持關係的和睦，會選擇壓抑自己的負面情緒，而只表露自己的正面情緒，卻不知道，這反而會破壞彼此的連結。真正的連結來自內在。生活中我們會欣賞完美的人，但不會與他們成為朋友，就像維納斯女神像一樣，這種殘缺的美才更讓人們欣賞、愛慕。

3. 過度壓抑情緒，會讓我們失去自我表達的能力

就像有些孩子，從小在非常嚴苛的原生家庭長大，為了懂事、聽話、讓父母滿意，會不斷壓抑自己的情感，不敢表現出自己的脆弱和痛苦。等他長大後，很容易出現無法與人溝通的狀況。

曾有研究發現，第一次世界大戰之後，很多在戰前跟家人關係很好的士兵，回來後卻變得很冷漠，無法像以前一樣，跟自己的家人或者朋友建立起親密的關係。這正是因為他們在戰場上，經歷了太多的恐懼、悲傷和痛苦，卻沒有得到有效處理，而是被強行壓抑在心中，以至於他們陷入負面情緒中無法自拔，因此無法與人正常溝通。

4. 過度壓抑情緒，有時候會以另一種方式爆發

所謂「水滿則溢」，負面情緒累積過多時，就會在某一個時機爆發出來。「千里之堤，潰於蟻穴」的威力不正是過度壓抑情

緒後，一點小刺激就會讓人爆發出不輸炸彈威力的寫照嗎？那些突然出現的變態殺手絕不是一朝一夕形成的，其背後肯定經過無數個日夜負面情緒的累積。

5. 過度壓抑情緒，傷害的不僅僅是我們的內心，還有我們的身體

世界心理衛生組織曾指出：80％以上的人會以攻擊自己身體器官的方式來消化自己的情緒。現代醫學認為，我們所患的疾病，很多都是來自精神上的創傷。古老的中醫智慧也曾說過：「怒傷肝，思傷脾，悲憂傷肺，恐驚傷腎。」身體是心靈的一面鏡子，它會如實地儲存我們過往的所有經驗，而其中那些憤怒、痛苦、悲傷、焦慮、壓抑等負面能量，就會不斷地攻擊我們的身體，最終造成傷害、出現病痛。

當那些無處宣洩的情緒、無法表達的感受以及被卡住的能量聚集在我們的身心時，我們為什麼不能將情緒的閘門開啟，大哭一場或用力吶喊呢？

在不能自已時，就要把情緒發洩出來。高興時就開懷大笑，難過時就盡情痛哭，內心的一切情緒都是需要我們表達出來的，這樣我們才能讓自己的心理、身體變得更加健康，才不會變成一個失去自我、冷漠麻木的人。

◆ 幸福之計

當我們身陷負面情緒時，我們可以透過以下的方式進行宣洩：

1. 實際宣洩

當我們怒氣衝天時，不妨趕快跑到其他地方宣洩體力，或者乾脆快跑一圈，這樣可以將內心的憤怒、氣惱發洩出來，隨之而來的就是心平氣和了。當我們內心遭受委屈、痛苦和悲傷時，找一個安全的地方放聲大哭，這樣可以緩和我們的悲傷情緒。

2. 理智分析

在我們產生負面的情緒時，不妨深呼吸一下，沉著冷靜下來，仔細分析自己的情緒產生的原因是否合理，是否值得我們悲傷、恐懼、憤怒、憂慮。等我們分析清楚了，情緒自然而然就消除了。

3. 轉移情緒

在我們產生某些負面情緒時，可以透過一些行為將自己的注意力轉移到其他的事情上，例如外出旅遊、跑步等。現代醫學的研究顯示，當我們處於負面情緒時，我們的感官會將訊息傳遞給大腦，大腦經過分析後就會產生負面情緒。在我們發覺自己情緒狀態將要變壞時，及時將注意力轉移到其他的事情

上，那些負面情緒的產生機制就會被阻斷，自然也就沒有負面情緒了。

4. 調整心理

負面情緒的調整方法有很多，例如：

自我鼓勵法 —— 用生活的哲理進行自我鼓勵，鼓勵自己與困難和逆境相互競爭。

言語暗示法 —— 用語言暗示人的行為和心理，保持心情平靜，排除雜念，在專心致志的情況下，進行情緒調整。

疏導法 —— 心情壓抑時，有節制地發洩，可以向親人、朋友、同事等傾訴，請他們幫忙開解。

環境調節法 —— 透過變換環境來調節負面情緒。如去公園散步，到外面走走等。

◆ 注意事項

在情緒宣洩過程中，我們並不是提倡隨時隨地地發洩情緒，而是透過有效的方式進行適時的宣洩。切忌讓情緒發洩產生「蝴蝶效應」。

指桑罵槐：智慧地宣洩情緒

◆ 成語釋義

指桑罵槐，意為指著桑樹數落槐樹。比喻表面上罵這個人，實際上罵那個人。但作為軍事上的計策，其意義更為深刻。它是作戰指揮者「殺雞儆猴」最有效的暗示手段，以此來懾服部下、樹立威嚴。

本計策旨在表示在管理情緒時，要學會用合理的方式發洩情緒。

◆ 成語故事

指桑罵槐一詞出自《三十六計》中的第二十六計。《三十六計》是古代廣為流傳並應用的 36 種兵法策略，也可用於政治、外交及各種日常生活社交活動中。

指桑罵槐的原本意義是透過間接的訓誡警示部下使其信服，從而建立威信的謀略手段。這種方法被引申於各種軍事、外交和政治活動中，對弱小的對象施加壓力，加以利誘來達到對強大對手進行旁敲側擊的效果。

◆ 孫權劈帥案表決心

建安十三年，東吳的領土江陵城曾受到魏軍的直接威脅。當時曹操親自向孫權下了戰書。戰書中說道：「奉大漢天子獻帝之詔命來討伐爾等罪臣，如今荊州刺史劉琮已經歸降，劉備也已戰敗出逃，我將親領八十萬水軍與將軍一戰。但是若將軍願意投降於我，自可免除血光之災。」

得知此訊息後，孫權召集各大臣商議應對之策，其中不乏降曹派。在降曹派和抗曹派的爭論中，孫權一時之間也想不到合適的對策。恰逢諸葛亮前來與群儒舌戰，更有周瑜、魯肅對形勢進行分析，使得孫權下定決心全力抗曹。孫權先是義正言辭地說道：「我與曹賊誓不兩立，東吳要與曹賊血戰到底！」然後抽出佩刀砍下帥案一角，說道：「從現在起，誰再說投降曹操，下場如同此帥案！」這下降曹派如張昭等重臣亦是不敢多作言語。這種殺雞儆猴，借砍帥案表達與曹操勢不兩立的行為來警示手下的做法，有效統一了內部的意見，為以後的吳蜀共同抗魏打下了基礎。

孫權簡介

孫權（西元 182 年－西元 252 年 5 月 21 日），字仲謀，吳郡富春（今浙江杭州）人。其父為長沙太守孫堅，兄長為討逆將軍、會稽太守孫策，在東漢末年群雄混戰割據的時代

中打下了江東基業。

　　建安五年，孫策遭徐貢的門客刺殺，臨終之時召來張昭等重臣，傳位於孫權。自此孫權接管江東諸事，成為割據一方的諸侯。建安十三年，孫權聽取魯肅和周瑜等人的建議與劉備建立孫劉聯盟共同抗曹，並於赤壁一戰中大敗曹軍，為日後三國鼎立的局面建立了基礎。建安二十四年，孫權指使呂蒙襲取荊州成功，大大擴展了東吳的領土面積。黃武元年，孫權受魏文帝曹丕之冊封而為吳王，於同年，孫權在夷陵大戰中打敗了劉備的蜀軍。黃龍元年，孫權在武昌稱帝，國號吳，隨之不久遷都建業，成就了一代帝王之業。

　　孫權建立吳國後，實行屯田、興修水利、寬賦調息的政策進而恢復了江東的農業生產和發展。孫權為人節儉，即使稱帝後依然居住在舊將軍府中。然而在晚年長子孫登逝世後，孫權未能處理好新立太子孫和與魯王孫霸的爭嫡問題，造成了「二宮之爭」以至於朝局不穩。孫權於太元元年因病去世，享年 71 歲，為劉備、曹操三人中最長壽的統治者，諡號大皇帝，廟號太祖，葬於蔣陵。

◆ 心理分析

　　在生活中，我們總會遇到一些這樣的情況：明明不是自己的責任，卻被他人強行壓到自己的頭上；或者是本來出於善意

的行為卻被別人誤解為別有用意，在遇到這樣的情形時，我們
難免會有情緒低落的狀態，內心總會有些憤憤不平。那麼我們
應該如何化解這些憤懣不平的情緒呢？常見的處理方法有以下
幾種：

1. 雞蛋碰石頭

這通常是指我們遇到社會上的一些不可理喻的人或者是精
神不正常之人時，採取硬碰硬的方式去解決問題。但這樣的處
理結果通常只會給自己造成更大的傷害。

2. 逃避

這類人在遇到不好的情況時，採取逃避的方式，將問題轉
移到他人身上，以避免自己需要承擔責任；或者採用消極對待、
不配合的方式。

3. 指桑罵槐

在對方處於優勢，自己處於劣勢時，不能表現出對對方的
不滿，此時可以採取指桑罵槐的方式處理。這樣既避免自己的
權益受損，也能讓對方明白自己的想法。

由此可以看出，在我們的情緒遭受刺激，需要發洩時，不
論是第一種還是第二種，對我們自身的處境來說都是較為負
面的，甚至我們還會因此面臨被疏遠或者被淘汰的危機。第三
種，雖然沒有直接說明自己的問題，但是在一定程度上也對他

人造成了警示的作用，讓他人知道我們並不是軟弱可欺負的，而不是無知的。這樣的方式看似是一種消極的發洩方法，但實際上卻是一種積極的自我情緒調整方式。

「指桑罵槐」的情緒管理方式，存在兩種特點：

1. 直接式

面對他人的不合理要求，不是直接回絕，而是用事實說話，從而使那人正視自己的「強人所難」。記得有一部電影，劇中主角對他的兒子說：「忍無可忍，無須再忍。」以一種直截了當的武力方式強制性地壓倒對方。生活中，面對一些強權式的壓力時，將他人的過激言論透過另一種方式回饋給同一個人，使那人明白自己的不合理要求。

春秋時期，大軍事家孫武便是以這樣的直接方式反擊吳王對自己的壓制的。孫武完成《孫子兵法》之後，吳王為了愚弄孫武，說：「你的兵法真是精妙絕倫，先生可否用宮女進行一場小規模的演練呢？」孫武無可奈何，不得不聽從吳王的命令展開演練。然而演練的過程中，眾美女嬉笑玩鬧，無視孫武的指揮，於是他巧妙地利用軍紀、軍規，命令將演練過程中不聽指揮的吳王的兩個愛妾斬首，吳王求情，孫武回覆道：「將在外，君令有所不受。吳王既然要我演習兵陣，我必須按軍法規定操練。」吳王無話可說。吳王的愛妾被斬首，這也使得美女們備受震懾，使演練得以順利進行。

2. 自嘲式

　　仙人拍鼓有時錯。以一種曲折的方式進行自嘲，也能收到意想不到的效果。

　　曾經有家冷氣工廠就是這樣「警告」消費者的：「儘管本廠生產的冷氣機以總分 99.94 的成績被評為全國第一，但仍存在不少問題。主要缺點有：0.2‰的螺旋精度沒達到國際標準；4‰的產品隙縫清理未完成。請消費者購買時千萬要認真挑選，以免我們登門為您服務時耽誤您的時間。」這樣自嘲式的廣告，以幽默的方式表現出了誠心誠意為顧客著想的態度，因而贏得了顧客的喜愛。

　　「指桑罵槐」式的情緒發洩，不僅能讓對方容易接受，而且也能做到有效地保護自己。但這種技巧，不僅需要我們能夠對情緒進行適當的管理，也需要我們擁有轉化負面情緒的智慧。

◆ 幸福之計

　　學會用指桑罵槐的方式發洩自己的情緒，這樣的計策需要我們做到以下幾點：

(1) 千磨萬擊還堅勁，任爾東西南北風。這是指我們在遇到別人的激將法時，以不變應萬變，不隨意受他人挑釁，做好自己即可。

(2) 詭異一笑，讓對方心驚膽顫。在面對他人威脅或是挑釁時，對他人一笑，不讓他看透自己的想法。

(3) 以其人之道還治其人之身。我們不能明面表現自己的不滿，但我們可以用他的話來反擊他，用他的方法來反擊他。

◆ 注意事項

指桑罵槐，是要等到我們能夠很好地管理自己的情緒時才能使用的。如果我們還不能很好地掌控自己的情緒，切忌使用此方法。

慈悲為懷：
積極情緒要有，負面情緒也不能消滅

◆ 成語釋義

慈悲為懷是一個佛教用語，認為人應以救助他人疾苦為己任。現在常用於勸誡人以惻隱憐憫之心為根本。

本計策旨在表示在情緒管理的過程中，既要培養正向情緒，也不排斥負面情緒。

◆ 成語故事

慈悲為懷，出自《南齊書‧高逸傳論》：「今則慈悲為本，常樂為宗，施捨唯機，低舉成敬。」

◆ 心理分析

我們在看電視時，常常會看到這樣的場景，一個和尚或者尼姑，雙手合十放於胸前，唸叨著「出家人以慈悲為懷」。那究竟什麼是「慈」，什麼是「悲」呢？

「慈」和「悲」在佛教裡，一個是彌勒佛，一個是觀音菩薩。人們在拜佛時，常常唸叨「大慈大悲的觀世音菩薩」，其實「大慈大悲」指的是彌勒佛和觀音菩薩兩者。

從情緒的角度來看，「慈」代表著快樂，是一種正面的情緒；「悲」代表著悲傷，是一種負面的情緒。不論是正面情緒還是負面情緒，都是我們情緒中的一部分，它們在我們的生活中扮演著不同的角色，對我們的身心發展造成了不同的影響。

但在實際生活中，人們普遍傾向於正面情緒，這是因為正面情緒對人們的生活具有促進作用。正面情緒能夠使人的有機體處於協調一致的狀態，從而使人更好地集中精力，去從事自己所喜愛的事業，同時也會對生活和前途充滿信心和希望。

另外，正向情緒還有治病作用。常言道：笑一笑，十年少。在日常生活中，我們常常可以看到樂觀、心情愉快的人，他們

往往是身體健康的人；也可以看到不少得病的人，透過自我調節，發揮正向情緒的作用，使自己擺脫疾病的折磨。根據調查，一處有近百位人瑞的長壽村，那裡的老人之所以長壽，其主要原因是他們性情開朗、個性樂觀、熱愛生活。這些都是正向情緒在發揮力量。

負面情緒對人們的生活有更多的負面影響，並且一旦負面情緒擴散，其影響會更加嚴重。中醫有這樣的說法，「怒傷肝、思傷脾、憂傷肺、恐傷腎」。由此可以看出，過度的負面情緒，長期處於不愉快、恐懼、失望的狀態，會抑制胃腸運動，從而影響消化機能。情緒消極、低落或過於緊張的人，往往容易患各種疾病。

然而在實際生活中，人們並不能避免負面情緒，而且在克服負面情緒時，很多人會選擇逃避或者轉念的方式。殊不知，當我們接受自己的負面情緒時，對身心來說是更為有益的，還會因此提升我們的幸福感。

美國和加拿大研究人員以美國加利福尼亞州舊金山灣區和科羅拉多州丹佛都市區的 1,300 多名成年人為研究對象，在考慮年齡、性別、社會經濟地位等因素後，透過三項獨立研究分析他們接受情緒的程度與心理健康之間的關係。

第一項研究：1,000 多名研究對象填寫網路調查問卷，對諸如「我告訴自己不應該像現在這樣（心情不好）」一類的陳述發

表自己的看法。結果顯示，能坦然接受自己不好的心情狀態而不是要求自己一定要高興起來的人，生活幸福感更高。

第二項研究：150 多名研究對象被要求在一場模擬面試中發表一段 3 分鐘的影片演講，介紹自己的溝通能力等；完成任務後，研究對象被要求評估自己在演講準備過程中受到的「煎熬」。結果顯示，那些不能接受自己有負面情緒的人，表現出的焦慮更為嚴重。

第三項研究：200 多名研究對象被要求以文字形式描述自己過去兩週中最疲憊、最難以承受的一次經歷，並在 6 個月後調查他們的心理健康狀態。結果發現，那些不能接受自己狀態不好的人，在 6 個月後出現情緒異常的情況更為嚴重。

研究人員對此解釋說：選擇躲避自己的壞情緒或以嚴苛態度評判這種壞情緒的人，感到的心理壓力會更大。相比之下，那些通常以順其自然的態度接受悲傷、失望、氣憤等負面情緒的人，出現的情緒失調症狀較少。

因此，當我們處於消極狀態時，並不需要刻意去阻止，我們應當學會接受自己的負面情緒。就像我們在欣賞維納斯女神像時，我們既要看到她絕美的身姿，也要看到她殘缺的雙臂；即使後來很多雕塑大師都想修補上她的雙臂，但這樣反而影響了她的美麗。

接受負面情緒並不意味著要讓負面情緒無限制地蔓延下去。

我們需要在接受負面情緒的基礎上，學會調整自己的情緒。《自卑與超越》的作者奧地利心理學家阿德勒就是在極度自卑中獲得自己的心理成長，從而超越自己；《哈利波特》的作者 J.K. 羅琳（J. K. Rowling）一開始寫書時，也是處於人生的低潮當中。他們雖處於負面情緒中，但他們能夠調整自己的負面情緒，不讓負面情緒蔓延，從而獲得了重生。

總而言之，我們的生活中更多的是需要正向情緒，但我們並不排斥負面情緒。在情緒管理的過程中，我們所需要做的就是坦然面對負面情緒，同時不放棄對正面情緒的追求。

當處於正面情緒時，我們需要做的就是維持正面的狀態，使之保持的時間長久一些；當處於負面情緒的狀態時，我們要接受負面情緒，弄明白產生負面情緒的原因，從而以正確的方式去調整。

這才是情緒調節中的「慈悲為懷」！

◆ 幸福之計

在情緒管理的過程中，我們要重視心理的保健：

(1) 用正向情緒對待一切。在生活中，正向、積極的情緒能夠使我們的生活更加陽光。我們需要培養自己的正向心態，用正向的認知看待工作和生活。

(2) 學會接受自己的負面情緒。人生避免不了消極，也不會永

遠處於負面的狀態。我們要接受自己情緒中的負面部分，而不是逃避它們。

(3) 學會適當的「糊塗」。負面情緒並非全然無好處，適當的消極狀態，能夠讓我們更好地認清自己。學會與負面情緒同行，但不要讓它無限制地擴散。

(4) 理智調控情緒狀態。興奮時學會降溫，悲傷時學會升溫。保持應有的冷靜與清醒，懂得居安思危。

◆ 注意事項

負面情緒雖有益處，但生活中還是應以正面情緒為主，負面情緒為輔。要避免長時間的過喜或過悲。

第五章

學習篇

　　玉不琢，不成器；人不學，不知義。透過學習我們不僅可以豐富知識、開闊眼界，還能夠以此大展宏圖，收穫成功。

　　但是學習並不是一朝一夕就可以完成的，著名學者王國維在《人間詞話》中談到自己的治學經驗：「古今之成大事業、大學問者，必經過三種之境界。第一境界是立志，人想要將治學當作自己的事業，必須先有執著的追求，確立目標與方向；第二境界境是付出，要想學有所成，必須經過一番辛勤耕耘，廢寢忘食，孜孜不倦。第三境界是收穫，學習必須有專注的精神，要經過反覆追尋、研究，才能豁然貫通，有所收穫。」

　　每個人的學習之路都是從懵懵懂懂的狀態開始的，經過一段時間的廢寢忘食、孜孜不倦之後，才會有所領悟和理解。那我們究竟該怎麼更好、更快地達成目標呢？這裡提供了六個計策：

　　第一計，要擁有時間管理能力，即「鑿壁偷光」。

　　第二計，要刻苦，即「映雪囊螢」。

　　第三計，要拒絕拖延，即「聞雞起舞」。

　　第四計，要有目標和方法，即「韋編三絕」。

　　第五計，要避免從眾，做到自律，即「暗度陳倉」。

　　第六計，要實踐，即「轉識成智」。

鑿壁偷光：擁有時間管理能力

◆ 成語釋義

鑿壁偷光，出自西漢大文學家匡衡幼時鑿穿牆壁引鄰舍之燭光讀書，終成一代文學家的故事。現用來形容家貧而讀書刻苦的人。

在本計策中，意指在學習知識的過程中，需要做好時間管理和規畫。

◆ 成語故事

鑿壁偷光這個成語出自漢代劉歆的《西京雜記·卷二》：「匡衡，字稚圭，勤學而無燭，鄰舍有燭而不逮。衡乃穿壁引其光，以書映光而讀之。」

書中講到在漢朝時，有一個名叫匡衡的少年，雖然家裡很窮，但是勤奮讀書。由於他白天要工作維持生計，所以只有在晚上才可以靜下來安心看書。要知道在古代蠟燭是很珍貴的，匡衡由於買不起蠟燭，自然也就無法看書了。

匡衡對在漫長的夜晚無法讀書一事非常介懷，內心總是充滿痛苦。他的鄰居家境非常好，夜晚時經常在屋子的各個角落都點起蠟燭，使整個屋子被照亮。終於有一天，匡衡鼓起勇氣

請求鄰居借出一寸地方讓他晚上可以讀書。然而，鄰居卻非常看不起比自己窮的人，他挖苦匡衡說：「既然連蠟燭都買不起，還讀什麼書呢？」匡衡聽了以後非常氣憤，就下定決心一定要把書讀好，將來有所成就。

匡衡回到家後，默默地在牆上開鑿出了一個小洞，有微弱的燭光從鄰居家漏出來。匡衡憑藉著這微弱的燭光，開始認真地讀起書來，漸漸地就把家中的書籍全部讀完了。

在讀完這些書後，他感到自己所掌握的知識量還遠遠不夠，需要更多的書用來閱讀與學習。在匡衡家附近有一戶擁有很多藏書的大戶人家，於是匡衡就帶著自己的家當走到了這家大戶人家門前。他對主人說：

「請您收留我，我給您家裡白做工不要報酬。只要讓我閱讀您家裡全部的書籍就可以了。」主人被他的精神所感動，就答應了他的要求。

最終，匡衡透過勤奮學習，先後成了漢元帝劉奭和漢成帝劉驁的宰相，也是西漢時期著名的《詩經》研究學者。

◆ 心理分析

對於時間，很多人的態度其實是很矛盾的。一方面他們能夠意識到「一年之計在於春，一日之計在於晨」、「少壯不努力，老大徒傷悲」、「一寸光陰一寸金，寸金難買寸光陰」這種時光短

暫的急迫。但在具體的行動中往往大相逕庭，「時間還多著呢，不急」、「今天沒做完的，明天再繼續」是他們經常使用的藉口。

「明日復明日，明日何其多。我生待明日，萬事成蹉跎。世人若被明日累，春去秋來老將至。朝看水東流，暮看日西墜。百年明日能幾何？請君聽我明日歌。」這就是很多碌碌無為之人不能取得成就的原因。

古往今來，能夠做出一番成就的人，無一不是與時間賽跑的高手，無一不是會偷時間的高手。

有一位數學家曾說過：「時間是由分秒積成的，善於利用零星時間的人，才會有更大的成就。」

一天只有 24 小時，時間對每個人都是公平的。它不像金錢，今天不用就存在銀行裡，明天還可以再取出來，時間一旦過去了就再也回不來了。尤其是在當今這個競爭壓力巨大、知識快速更新的時代，只有充分利用時間吸取知識，才能在社會上有一席之地。

正如現在人們常說的，學歷代表過去，能力代表現在，而學習力才代表未來。但生活的瑣事、工作的繁重，讓很多人無法專注於學習。其實這是由於不良的時間管理能力造成的。如果我們擁有良好的時間管理能力，即使工作再繁忙，也可以抽出一段時間用以學習新知。

無論生活還是工作，我們都需要有很好的時間管理能力，

尤其是在時間碎片化嚴重的時代。為什麼同樣的時間內，成功人士能將幾件事情都做得很好，有些人卻連一件事都做不好呢？這就是時間管理能力在發揮作用。成功人士是在有目的地忙，有些人卻是在瞎忙。

當然，時間規劃和管理並不是要我們在有限的時間內把所有事情做完，而是讓我們有選擇性地做，讓我們明白什麼事情該做，什麼事情不該做。要知道，時間管理不是完全地掌控，而是降低變動性。時間管理最重要的功能是透過事前的規劃，作為一種提醒與指引。

所以，我們在進行時間規劃的時候，就需要明確自己的目標，因為如果目標沒有設定好，計畫也不可能擬定詳細，那在時間管理上的效率就會大打折扣。

時間就是生命，掌握時間就是掌握生命。一個人的成就決定於他每天 24 小時做了哪些事情。時間規劃的重點就在於如何合理分配時間，在每一分每一秒都做最有生產力的事情。但是我們不能忘記，人生除了工作賺錢，還有家人和朋友，我們要安排一定的時間陪伴家人，以及進行休息和玩樂等等。

◆ 幸福之計

在時間管理和規劃的過程中，我們需要做到以下幾點：

1. 明確目標

我們進行時間管理的目的，是讓自己在更短的時間內達成更多想要達成的目標。只有我們明確目標，才能更好地進行下一步的規劃。

2. 列出「個人清單」

將一年內所要做的所有事都列出來，並且按照目標的重要性排序，寫成一張「個人清單」。一個人永遠沒有時間做每一件想做的事情，但永遠有時間做對自己最重要的事情。當我們列出來之後，按之前排好的順序，設定完成期限。

3. 詳細地規劃目標

時間的管理中，在目標規劃時必須將最多的時間花在做重要的事情上。而在做規劃時，要做出明確而且詳細的計畫，越詳細越容易管理。

4. 每天至少有半小時到一小時的「不被干擾時間」

每天保證有 30 ～ 60 分鐘不被干擾。我們可以待在自己的房間裡，思考一些事情，或是做一些認為最重要的事情。有可能這 1 小時能抵過你 1 天的工作效率，甚至有時候這 1 小時比你 3 天工作的效率還要高。

5. 目標和價值觀要吻合

在確立目標的時候要確保與自己的價值觀相吻合，以避免

當價值觀不明確時，出現時間分配不當的問題，畢竟，時間管理的重點就在於如何分配時間。

6. 所有事情一開始就把它做好

每件事情一開始就把它做到最好，這樣你就不需要重複去做同一件事情。同一類的事情最好一次性做完。

7. 整理時間日誌

將每天做的事情整理成「時間日誌」，這樣方便我們了解每天做了什麼、花了多少時間，進而可以幫助我們找到浪費時間的根源。

◆ 注意事項

(1) 在安排時間時，要有一定的彈性。切忌將自己的時間安排得過滿，不留一絲空隙。不要過度壓榨自己的身體。

(2) 剔除無須花費時間的瑣碎事務。就像在整理房間時需要清除垃圾，才能夠決定真正需要的物品應該如何擺放一樣，對那些繁瑣的事務，我們不需要安排在行程中。

映雪囊螢：要刻苦與自省

◆ 成語釋義

映雪囊螢，比喻人勤學。

本計策是指在學習時要刻苦用功，並且學會自我反省。

◆ 成語故事

映雪囊螢這個成語出自《初學記・卷二》引《宋齊語》和《晉書・車胤傳》。

這個成語講的是在晉朝時期，車胤和孫康兩個貧苦少年想盡辦法發奮讀書，最終有所成就的故事。

相傳在晉代，有一個名叫車胤的少年，他從小好學不倦，但因家境貧困，家人無法為他提供良好的學習環境。為了維持家庭的基本生活需求，並沒有多餘的錢買燈油供他晚上讀書學習。為此，車胤只能利用白天的時間讀書。一個夏天的晚上，車胤正在院子裡背誦一篇文章，忽然看到很多螢火蟲在夜空中不停地飛舞。那一閃一閃的光點在黑暗的夜空之中顯得很是耀眼。他忽然萌生了一個想法，如果可以抓一些螢火蟲集中在一起，不就可以成為一盞明燈了嗎？於是他去找了一個白絹布的袋子，抓了幾十隻螢火蟲包在白絹布袋中，再紮住袋口並用繩

子吊起來，雖然不像想像中那麼閃亮，但勉強可以用來讀書學習了。從此，只要發現螢火蟲，他就去製作一個白絹布袋的螢火蟲燈。就這樣，車胤勤學不殆，終於有所成就，多年後他官至六部中的史部尚書一職。

同樣也是晉代的少年，孫康也是家境潦倒，貧困不堪。一個冬天的深夜，他忽然從睡夢中醒來，當他把頭側向窗戶時，發成屋間的窗縫間竟透進了一絲光亮，原來那是大雪所映出的光亮。孫康忽然發現可以利用大雪所映出的光亮來讀書，於是他再無睡意並立即取出書籍來到屋外。雪後在遼闊的大地上所映出的光亮，要比在房間中的光亮更加強，於是孫康不顧冬日的酷寒，立即看起手中的書來，即使是手腳被凍僵了，也只是站起身來跑一跑，同時搓搓手指並晃動一下雙腿，便接著讀書。自此之後，每逢下過大雪的晚上，他都走出屋外，藉助大雪所映之光讀書學習。長久以後，他的學識突飛猛進，最終成為東晉時期有名的飽學之士，官至御史大夫。

◆ 心理分析

古人常用「書中自有顏如玉，書中自有黃金屋」來鼓勵後輩刻苦學習。因為在當時而言，只有考取功名，才能獲得利祿，才能升官發財。但現在不同了，人們對於學習有了更多的了解，進修不僅僅是為了謀生存求發展，也可以是為了開闊眼

界，增長見識；或者是為了學習技能，豐富生活；還可以是為了改變氣質，增加魅力。

但是在讀書的道路上，沒有捷徑可走，也沒有順風船可駛，如果你想要在廣博的書山學海中汲取更多更廣的知識，勤奮和刻苦是必不可少的。正如古人只有經過寒窗苦讀十幾載，才能「一舉成名天下知」。

那我們需要做到何種程度才能稱得上是刻苦呢？從「映雪囊螢」來看，車胤利用螢火蟲之光和孫康利用雪後反光看書學習，這是刻苦；魯迅為了讀更多的書，賣掉金質獎章，吃辣椒驅寒，這也是刻苦。

刻苦學習的人，他們不會被外界束縛，也不會被自身的不足打敗。

他們會利用自己的智慧，或製造各種條件，或運用各種辦法，來讓自己有機會學習。就像漢朝的孫敬為了抓緊時間讀書，以「頭懸梁，錐刺股」來使自己的頭腦保持清醒那樣。

現在，人們的生活普遍比較寬裕了，我們擁有明亮的教室和優秀的師資，也有「衣來伸手，飯來張口」的安逸狀態。在這種環境下，有些人忘記了什麼是勤奮、什麼是競爭。一次失敗的經歷，一次職場的淘汰都會讓他們手足無措，身心都備受摧殘，甚至有的人承受不住，選擇自殺。

因而我們將「刻苦」之計用於此，就是要警醒人們在安逸

的生活中，不要忘記如何在艱辛中生存，要擁有刻苦的學習精神，要時刻反省自己。

一個人之所以能夠不斷進步，就在於他能不斷地自我反省，找到自己的缺點或不足，然後加以改正，才能取得一個又一個的成功。但是反省並不是那麼容易做到的，要知道世界上最困難的就是認識自己，我們需要從中找到方法。

曾子曰：「吾日三省吾身，為人謀而不忠乎？與朋友交而不信乎？傳不習乎？」這是直接的自省，當自省效果不是那麼明顯時，我們可以藉助他人或者知識的力量。

正如唐太宗李世民所說：「夫以銅為鏡，可以正衣冠；以古為鏡，可以知興替；以人為鏡，可以明得失。」我們可以透過將自己的行為與他人比較，而明白自己的優勢和劣勢。另外我們也可以透過他人的評價，從而發現自己的盲點。

當然我們也可以透過學習，了解需要改進的方向和目標。正如英國浪漫主義詩人雪萊（Percy Shelley）所說：「我們越是學習，越覺得自己貧乏。」而學習的內容和方式也是各式各樣的，讀書就是最常見的一種。

讀書，可使人明智，可使人聰慧，可使人高尚，可使人明理，可使人善辯。但是需要強調的是，讀書並不只是讀書，而是要在閱讀的基礎上加上自己的思考和領悟。就像法國啟蒙思想家、文學家伏爾泰（Voltaire）說的：「書讀得越多而不假思索，

你就會覺得你知道得很多；而當你讀書思考得越多的時候，你就會越清楚地看到，你知道得還很少。」

◆ 幸福之計

在進行自我反省的過程中，需要做到以下幾點：

1.找一個安靜的地方坐著

給自己一段靜默的時間，才能覺察出自己的需要，才能聽到內心深處的呼喚。

2.虛心的態度是自省和進步的先決條件

虛心地接受別人的批評，因為一個人所犯的錯誤首先是被別人看到，然後才是自己知道。

3.拿出一個本子，記下一天中讓自己尷尬和焦慮的事

古人云：吃一塹，長一智。記下讓自己困擾的事情不是對自己的折磨，而是鍛鍊自己的意志，是人成長過程中的重要財富。

4.找到一位可以信賴的師長或者朋友，請求他的監督

行為的改變是一個艱鉅的任務，需要付出許多努力。找一個可以信賴的師長或朋友，請求他來監督。

◆ 注意事項

不要對自己過於苛刻。自省是一個人完善自我所必需的一種精神，但是過於苛刻就是一種病態。人非聖賢，孰能無過。要勇於去改正缺點，但也要給自己時間，欲速則不達。

▌聞雞起舞：要拒絕拖延 ▌

◆ 成語釋義

聞雞起舞，原意為聽到雞啼就起來舞劍，後來比喻有志報國的人即時奮起。

本計策中，是指在學習過程中要拒絕拖延。

◆ 成語故事

聞雞起舞的成語來源於《晉書・祖逖傳》：「中夜聞荒雞鳴，蹴琨覺，曰：『此非惡聲也。』因起舞。」另外在《資治通鑑》中也有這樣的記載。

在晉代有個叫祖逖的年輕人，他小時候是個不愛讀書的頑皮小孩，但是逐漸長大後，他發現自己的知識十分匱乏，深感不多讀書就無法報效國家。

　　於是他開始發奮讀書，認真學習歷史並且廣泛閱讀各種不同種類的書籍，從而汲取了豐富的知識。直到他幾次進出當時的都城洛陽後，和他有接觸的人都認為他是一個能夠輔佐帝王把國家治理地更好的人才。曾有人在祖逖 24 歲的時候推薦他去做官，但祖逖並沒有答應，而是更加堅持不懈地讀書、進修。

　　後來，祖逖和朋友劉琨一同擔任司州的主簿。祖逖和劉琨感情甚篤，經常同床而臥、同被而眠，而且他們還有一個共同的目標，就是收復故土、建功立業、復興晉國。有一天半夜，祖逖在睡夢中聽到了公雞的叫聲，於是他就一腳把睡在旁邊的劉琨踢醒，對他說：「你聽見雞叫了嗎？」劉琨說：「半夜聽見雞叫不吉利。」祖逖卻說：「我偏不這樣想，我們乾脆以後聽見雞叫就起床練劍如何？」劉琨欣然同意。自此之後，他們就每天聞雞鳴而練劍，冬練三九夏練三伏，從不間斷。就這樣，祖逖和劉琨成為既能文又能武的全才。最終祖逖被封為鎮西將軍，並率軍北伐，實現了他報效國家的願望；而劉琨也官至司空、并州刺史，充分發揮了他的文才武略。

祖逖簡介

　　祖逖（西元 266 年－西元 321 年），字士稚，范陽遒縣（今河北淶水）人，是東晉著名軍事家，也是有志於恢復中原故土，致力於北伐的著名將領。他出身於北地大族世家，世代皆有領俸兩千石的高官，其父祖武曾任上谷太守。父親

去世時，祖逖還小，他的生活由幾個兄長照料。祖逖的性格活潑開朗，好動不愛靜，十四、五歲了也沒讀過多少書，幾個哥哥為此都很憂慮。但祖逖為人豁達，講義氣，好打抱不平，深得鄰里好評。他常常以他兄長的名義，把家裡的糧食、布匹捐給受災的貧苦農民。祖逖成年之後，博覽古今各類書籍，被人稱為命世之才。

晉愍帝即位後，命司馬睿率軍北上，司馬睿封祖逖為奮武將軍及豫州刺史，於是祖逖帶著司馬睿的千人軍糧和三千布匹，毅然踏上了北伐之路。祖逖帶著隨同他一起來的鄉親，組成一支隊伍橫渡長江。船到江心的時候，祖逖拿著船槳在船舷邊拍打，向大家發誓說：「我祖逖如果不能掃平占領中原的敵人，決不再過這條大江。」他激昂的聲調和豪壯的氣概使隨行的壯士個個感動、人人激奮。

祖逖渡江後第一步是打造兵器，招兵買馬；第二步是廣泛聯絡各路人士，組織軍隊；第三步才是逐步北進，收復失地。祖逖的軍隊一路上得到了人民的支持，迅速收復了許多失地。祖逖與石勒交鋒幾次後，基本形成了以黃河為界的對峙局面。

遺憾的是，正當祖逖暗中蓄力準備打過黃河去消滅後趙時，先是東晉另派戴淵為徵西將軍帶領祖逖奪取權力，接著又傳來王敦與司馬睿鬧不合的消息，祖逖一邊擔心內部分裂

的問題，一邊憂心於北伐軍情，因此身心疲憊，一病不起。
不久後，祖逖便在雍丘病逝，享年 56 歲。

◆ 心理分析

生活中，我們都會面臨時間和事件的「雙重催促」，這個雙重催促有時是外界的改變造成的，但更多的時候是我們自己造成的。

在面對時間和事件的兩難選擇時，大多數人不會選擇立刻將事情做完，反而選擇「兩耳不聞窗外事」，一心只想「拖拖拖」。為此網友們創造了一個新名詞 —— 拖延症。在了解拖延症前我們先講一個故事：

據說森林裡有一種樣貌比孔雀更美麗，聲音比黃鶯更動聽的鳥類，牠有一個特點就是非常喜歡睡覺，每天什麼也不做，只躺在崖縫睡覺。在其他的鳥類儲藏食物時，牠在睡覺。秋天到了，天氣轉涼了，有的鳥類飛去了南方，剩下的鳥類築巢以抵禦寒冬，牠仍然不為所動繼續睡覺。見到這種情況，牠的鄰居喜鵲說：「別睡覺了，天氣這麼好，趕快蓋窩吧。」牠不聽勸告，躺在崖縫裡對喜鵲說：「你不要吵，太陽這麼暖，正好適合睡覺。」

冬天說到就到，寒風呼呼地颳著。喜鵲住在溫暖的窩裡，牠在崖縫裡凍得直發抖，悲哀地叫著：「啊！好冷啊！」，寒風凍

死我，明天就蓋窩。」

　　第二天清早，風停了，太陽暖烘烘的。喜鵲又對牠說：「趁著天氣好。趕快蓋窩吧。」牠還不聽勸告，伸伸懶腰，又開始睡覺了。當天晚上，北風又颳了起來，還下起了大雪，牠又發出哀號：「啊！好冷啊！寒風凍死我，明天就蓋窩。」天亮了，陽光普照大地。喜鵲在枝頭呼喚鄰居，但是可憐的鳥兒已經在半夜裡凍死了。

　　事實上，拖延並不是醫學或心理學上認證的一種疾病。拖延症（procrastination）是指自我調節失敗，在能夠預料後果有害的情況下，仍然把計劃要做的事情往後推遲的一種行為。國際拖延症研究領域權威提摩西・派西爾（Timothy Pychyl）也在《戰勝拖延症》（*Solving the Procrastination Puzzle*）中寫道：「拖延症是一種結果有害，不必要的自願推遲。」

　　工作和生活中拖延的情況比較常見，很多人對此非常苦惱。BBC 在 2014 年的一份報告中顯示，95％的人只是偶爾拖延，20％的人則是習慣性拖延，不斷拖延工作令自己的生活變得一團糟。有拖延習慣的人常常會找外部理由：同事不配合，下級不主動，上級高標準，客戶太挑剔……久而久之，會導致習慣性自責及自我否定。

　　引起拖延症的首要關卡是畏難心理。許多年輕人處在社會與校園的交界狀態，知識與經驗不足，面對快節奏的生活往往

手忙腳亂，產生畏難心理，進而拖延進度。也有的人在遇到事情時，經常會為自己尋找各種理由進行「拖延」，以避免那些未知的困難。

第二關卡是完美主義。拖延的人往往沒有意識到他們是完美主義者。為了證明自己足夠優秀，他們常常對自己有不現實的要求。當無法實現這樣的要求時，他們就會變得不知所措，失望之餘，會透過拖延讓自己從中退卻。

第三關卡是「普雷馬克定律（Premack's principle）」。普雷馬克定律是指用個體偏好的行為作為不偏好的行為的強化物。我們先做不喜歡的工作，然後再做喜歡的工作的整體效率會比先做喜歡的工作，後做不喜歡的工作效率還高。但在實際生活中，人們更傾向於先完成喜歡的工作，後完成不喜歡的工作。

班傑明‧富蘭克林（Benjamin Franklin）曾經說過：「千萬不要把今天能做的事留到明天。」成功人士為了避免拖延，會想出很多「別開生面」的辦法。據說，法國浪漫主義作家維克多‧雨果（Victor Hugo）會赤裸地寫作。為了讓自己能安心寫作，他讓管家把自己的衣物藏起來，這樣他在寫作的時候就無法外出了。貝多芬（Beethoven）為了讓自己的生活變得有條理，則是透過記事本來維持最基本的生活和創作。

有拖延症的人通常責任感都較低，他們往往沉浸於完美主義和想像中，不願意正視現實。但是嚴重的拖延症會對個體的

身心健康帶來負面影響，如出現強烈的自責情緒、罪惡感，不斷地自我否定、貶低，並伴有焦慮症、憂鬱症等心理疾病，一旦出現這些狀態，需要引起足夠的重視。

◆ 幸福之計

如何克服拖延症呢？

(1) 確立一個可實行的目標。不要異想天開，要從小事做起。

(2) 客觀地（而不是按照自己的願望）對待時間。當我們開始做一件事時，要問自己：這個任務將會花掉我多少時間？我真能抽出多少時間投入其中？

(3) 只管開始做。不要想要一下子做完整件事情，每次只要邁出一小步。時刻牢記「千里之行始於足下」，而不是「我一坐下來就要把事情做完」。

◆ 注意事項

克服拖延的過程中，要注意時間的分配和管理，切忌過於求成。

韋編三絕：要有目標和方法

◆ 成語釋義

韋編三絕這個成語的本意是編聯竹簡的皮繩斷了多次。比喻讀書勤奮。

在本計策中主要是指學習要有目的和方法。

◆ 成語故事

韋編三絕這個成語來源於《史記·孔子世家》一書：「孔子晚而喜《易》……讀《易》，韋編三絕。」孔子由於多次讀閱《易經》一書，而導致用來編聯竹簡的熟牛皮繩竟然斷了許多次。後來多用於形容人們讀書刻苦、勤奮。

在春秋時期，書籍主要記載在竹簡上。因為一根竹簡上只能寫下幾十個字，所以製作一部書籍需要大量的竹簡。而且竹簡與竹簡之間需要按照章節次序連結起來才能夠成為一部完整的書籍。這些用來連線各枚竹簡的繩線材質可以大致分為三個種類，用絲線連線的叫「絲編」，用熟牛皮繩連線的叫「韋編」，用麻繩連線的叫「繩編」。這其中又以熟牛皮繩最為結實耐用，所以一些像《易經》那樣的長篇書籍都會採取韋編的方式製作。

　　孔子一生遊歷諸國，到了晚年時期尤其專注對《易經》的深入研究。

　　孔子不停地翻閱竹簡進行多次閱讀，在原有基礎上做了很多附註，把用於連結各枚竹簡的熟牛皮繩都磨斷了好幾次。這個典故多用於比喻讀書學習的勤奮用功。事實上，即使讀書讀到把竹簡的牛皮繩都磨破數次，孔子還是說：「假如讓我多活幾年，我就可以更好地掌握《周易》了。」

◆ 心理分析

　　透過學習，我們不僅能夠解答某些疑惑，還可以了解一些有趣之事、開闊自己的視野。但學習的內容並不是越多越好。錢鍾書 6 歲就會背誦《大學》，但 40 歲才懂其真意，所以讀書不在多而在精。我們需要反覆思索其中的韻味和深意，這才是讀書所要達到的境界。

　　學習可以是一件複雜的事情，也可以是一件簡單的事情。出於不同的目的，人們對學習的態度也會有所不同。如果學習是出於內心需求，在經過學習而有所得的時候，他就會由衷喜悅，將痛苦拋諸腦後；如果是為了滿足他人的期望，那對於讀書他就會感到「壓力山大」，只要沒有完成預期的目標，即使獲得了第一名，心情也是沉重的。所以學習中的「苦」與「樂」相當程度上是由目標決定的。

　　確立目的讓我們在前進時更為容易。然而在學習時，經過他人傳授的知識通常是容易被人遺忘的。

　　正所謂「工欲善其事，必先利其器」，如果我們想做好一件事，很重要的一點就是擁有精銳的工具。對於學習而言，利器就是合適的學習方法，如果僅停留在苦學、勤學上，將很難應付學業。接下來介紹三種方法給大家以供借鑑：

1. 改變傳播方式

　　比如古人在念書時，常常將那些朗朗上口的詩詞，變成曲調，透過吟唱的方式傳播，從而讓那些優秀的詩文廣為流傳。現在人們為了記憶，也會編成歌或者口訣讓這些作品活潑起來。

2. 溫故知新

　　在《論語》的開篇，孔子用「不亦樂乎」來感嘆「學而時習之」的喜悅。擁有豐富讀書經驗的人會懂得一本好書在不同的時期看，會有不同的體會和領悟。

　　學習也是如此。每一次的溫習，由於人生經歷的改變，或者是讀書心境的變化，會讓我們在同一個地方有不同的感受，或者是同樣的體會卻會變得更加深刻，甚至是發現新的感悟點。

3. 在學習時心懷「空杯」

　　空杯心態是指人在學習時，放下一切煩惱焦慮，拋下過往的經驗，就像重新開始一樣去學習，從而獲得不一樣的收穫。

一代武學宗師、功夫巨星李小龍也非常推崇這這種心態，他說：「清空你的杯子，方能再行注滿，空無以求全。」

　　當然還有許多學習方法，諸如提綱挈領法、快速朗讀法、理解記憶法、求同存異法、五次反覆法、三步記憶法等。在學習過程中，不同的人根據自身的經驗有不同的學習方法，在學習不同領域的知識時，方法也會不同。我們需要找到適合自己的學習方法。

　　身處科學、資訊、知識等迅速爆發與傳播的時代，我們每天所接觸的資訊不知道有多少，所要學習的知識也不知道有多少。不論我們能夠學到多少知識，唯有能夠實際運用，才是我們所需要的。

　　因而，在學習的過程中，我們一定要確立自己的學習目標，並且用正確的方法進行學習，這樣我們才能在學習之後有所收穫。

◆ 幸福之計

　　在學習過程中，我們需要確認兩點：

(1) 學習目的。我們要明白進行學習的初衷是什麼，是為了獲得某種成就，還是為了解答某種疑惑，或者是為了獲得樂趣。不同的目的有不同的方法。

(2) 學習方法。我們要帶著問題去學，這樣才更有針對性。

◆ **注意事項**

(1) 學習的目的並不一定是出於某種功利的要求，也可以是出於自己的喜愛。但切忌盲目學習。

(2) 學習更多的是從自身需求出發的。因而在學習過程中，我們應該發揮自覺性。

暗度陳倉：要避免從眾，做到自律

◆ **成語釋義**

暗度陳倉，指從正面迷惑敵人，從側翼進行突然襲擊。亦比喻暗中進行活動。陳倉，古縣名，為通向漢中的交通要道。

在本書中，此計策是指在讀書學習時要避免從眾，做到自主學習。

◆ **成語故事**

暗度陳倉這一成語出自《史記·淮陰侯列傳》，是聲東擊西、出奇致勝的一種行動策略。「明修棧道，暗度陳倉」也是古代戰爭史上出奇制勝的一個成功戰例。

秦朝在秦二世胡亥昏庸殘暴的統治下民不聊生，各路豪強

並起。在經歷了陳勝吳廣的大規模農民起義後，群雄之中又以項梁的姪子項羽和沛縣的劉邦最為出眾。為推翻秦王朝的殘酷暴政，楚義帝與諸強約定誰先攻入咸陽即為王。之後，劉邦的漢軍首先進入關中，攻下了秦都咸陽。勢力更為強大的項羽進入關中後馬上逼迫劉邦退出關中，劉邦處境艱難，更是險些命喪於鴻門宴。

　　劉邦為了誘惑項羽以脫離危險，只得率領部隊退回漢中。為了表達自己無意天下的決心，劉邦更是在退走時燒毀了漢中通往關中的棧道，但在其內心從來不曾忘記要擊敗項羽，奪取天下。項羽由於分封不公和派人刺殺楚王的舉動，造成了各國起兵叛亂。趁著項羽外出平亂之際，劉邦遣韓信領兵東征關中。在大軍出征之前，韓信差遣士兵去修復之前被燒毀的棧道，擺出一副要原路殺回的姿態。關中的楚軍得知這個訊息後，密切關注棧道的修復進度，並派遣主力部隊把守在棧道的各個關隘以進行防範。

　　至此為止，韓信的「明修棧道」取得了巨大的成功。由於楚軍的注意力集中於棧道一線之上，韓信的大軍迅速繞道陳倉對楚軍發動了突然襲擊，一舉打敗了雍王章邯，進而平定三秦，為以後劉邦統一全國打下了堅實的基礎。

韓信簡介

韓信（約西元前231年－西元前196年），淮陰（原江蘇省淮陰區）人，西漢的開國功臣，傑出的軍事家，與蕭何、張良並列為漢初三傑。

在楚漢相爭的階段，韓信充分發揮了卓越的軍事才能。韓信一生滅魏、脅燕、破代、平趙、定齊，參與了秦末漢初的很多戰役。其中暗度陳倉定三秦、京索之戰、安邑之戰、井陘之戰、濰水之戰和垓下之戰都是韓信指揮的經典戰役。韓信的戰法特點就是「兵無常勢，水無常形」，後人稱之為「兵仙」。

劉邦一統天下建立漢朝後，解除了韓信的兵權，改封韓信為楚王，定都下邳。漢六年，韓信被人以謀反之罪告發，被貶為淮陰侯，後來呂后與蕭何合謀在劉邦外出討伐叛軍之時將韓信騙入長樂宮中，斬殺於鍾室內，並誅殺了韓信的三族。

◆ 心理分析

現在教育孩子的議題越來越受到家長的重視。為了不讓孩子輸在起跑線上，家長們對培養「天才神童」的早期教育趨之若鶩。

　　家長們很早就為子女們制定了詳細的「培養計畫」，讓孩子學寫字、電腦、繪畫、舞蹈、鋼琴、外語等；為了給孩子提供良好的教育環境，父母們不吝重金滿足小孩的一切需求，有財力和沒有財力的父母都會把最大限度地滿足孩子的需求當作自己的神聖使命。

　　當然教育不僅是培養孩子的重點，也是讓許多成年人頭痛的話題。為了讓自己的職業之路走得更順、更長，許多成年人也開始不停地參加各種培訓班、證照班。雖說活到老，學到老，大家可以理解想進步的心情，但我們自己也要做好選擇，不能人家說好你也說好，人家說學你也去學。

　　其實這種現象背後反映了從眾心理。從眾是指個體在社會群體的無形壓力下，不知不覺或不由自主地與多數人保持一致行為的心理現象。曾經有位心理學家做過這樣一個實驗：

　　實驗被試者共有 10 人，其中 9 人是心理學家的助手，另外一個是真正的被測試者。心理學家在黑板上先畫了 ABC 三條長短不一的線段，然後又畫了一條 X 線段。X 線段明顯跟 B 線段長度一樣。

　　心理學家問：「請問 X 線段跟 ABC 中哪條線段一樣長？」其他 9 個人搶著回答：「A。」那個被測試者沒有說話。心理學家又問了一遍：

　　「剛剛好像有人沒有回答，我再問一遍，X 線段跟 ABC 中

哪條線段一樣長？」其他9個人又異口同聲地回答：「A。」於是，心理學家問那個被試者：「我好像沒聽到你的回答。你覺得 X 線段跟哪條線段一樣長呢？」那個被測試者目光躲閃著，有些不確定地說：「應該是 A 吧。」

這就是從眾心理。X 線段明明跟 B 線段一樣長，是一眼就能看出來的。但是，因為另外 9 個人都覺得是 A 線段，這個測試者就對自己產生了懷疑。從眾，讓他放棄了自己原本正確的選擇。

盲目的從眾行為，會抑制個性發展、束縛思維、扼殺創造力，從而使人變得無主見和墨守成規。但從眾並不是百害而無一益的，個體適當的從眾行為有助於學習他人的智慧經驗，擴大視野，修正自己的思維方式，減少不必要的煩惱或誤會。例如當一個人到了某地時，若不「入境隨俗」，往往寸步難行。但從自身發展角度來說，從眾行為是弊大於利的。

那為什麼會產生從眾心理呢？主要有兩點原因：

1. 群眾因素和情境因素

現今社會對人才的要求越來越高，人們迫於這樣的壓力，他們不得不為之。

2. 性格因素

喜歡從眾的人大都自信心不足、性格軟弱、沒有太多的主見。在面臨選擇的時候，他們「知其然，不知其所以然」，盲目

地跟從。

我們無法控制群體因素和情境因素，所以想避免從眾，最重要的就是增強自信、克服軟弱的性格。這當中有一個關鍵詞就是自我意識的建立。

自我意識是個體對自身的了解和對自身與周圍世界的了解，主要包括三個方面：

（1）個體對自身生理狀態的了解和評價。主要包括對自己的體重、身高、身材、容貌等表象和性別的了解，以及對身體的痛苦、飢餓、疲倦等感覺的感受。

（2）對自身心理狀態的認知和評價。主要包括對自己的能力、知識、情緒、氣質、性格、理想、信念、興趣、愛好等方面的認知和評價。

（3）對自己與周圍關係的認知和評價。主要包括對自己在一定社會關係中的地位、作用以及對自己與他人關係的認知和評價。

魯迅曾經說過：「人貴有自知之明。」自我意識較強的個體，對自己的整體狀態會有一個較為客觀的評價，也能從社會的處境中判斷自己的處境。因而在生活中，他會更有自主性的進行選擇，而不是盲目跟從。

曾經有個村子盛產石頭，村民們都去山裡撿石頭，賣給建築商人。有一個年輕人在路邊提供茶水，條件是他們從自己的

石頭裡面，挑出一塊形狀奇怪的來作為交換。

　　撿石頭的人都認為這樣的交換沒有什麼損失，欣然應允。這個年輕人後來把那些奇形怪狀的石頭賣給商人做為盆景使用。一塊盆景石頭的價格比得上一筐普通石頭的數十倍。

　　後來，村裡的年輕人們流行起種梨樹、賣梨子，一筐筐的梨子遠銷全國各地。大家都在因生計有著落而歡呼的時候，那個賣奇形怪狀石頭的年輕人，砍掉了所有的梨樹，種起了柳樹。原來他發現，來村裡做生意的商人們不愁買不到梨子，但他們卻缺少裝梨子的柳條筐。

　　由此可以看出，在現今競爭日益激烈的社會裡，面對新世紀的挑戰，我們除了要跟上時代的需求外，還需要靈活思考，從中找出適合自身發展的機遇，這樣才有可能走向成功。

　　學習上也是如此。在不偏離社會需求的前提下，我們在制定人生目標時，不僅要結合自己的實際情況和發展需求進行選擇，並以此為依據制定自己的計畫和目標，還要做到自律和自主。

　　另外，由於社會發展的潮流並不是固定不變的，我們需要用長遠的眼光來看待社會的發展。一個有遠見之人，必定能夠積極主動地學習，並且能夠持續地學習、終身地學習。

◆ 幸福之計

在自主學習過程中，要做好以下幾點：

(1) 制定計劃並嚴格按照這個計畫進行。

(2) 要建立目標。確立一個目標，有利於學習中的堅持（必做）。

(3) 要確定範圍。要先確定會用到的教材以及知識領域，除特殊情況外，不能進行改動，不能今天以這為主，明天又改成以其他的為主了。

(4) 注重學習的氛圍和環境。可以和好朋友一起比賽，讓學習的氛圍活潑一點。

(5) 自我檢查和反省。找出自己自主學習中出現的問題和漏洞並改正。

◆ 注意事項

(1) 在學習的過程中切忌過猶不及，因此我們在制定計畫的過程中，要注意休息與用功時間之間的平衡。

(2) 切忌方法不當，運用正確的學習方法，能夠確保學習效率和品質。

(3) 避免不良的學習習慣。良好的學習習慣，能夠提高學習的效率與品質。

轉識成智：實踐出智慧

◆ 成語釋義

轉識成智，源自佛教用語，本意是指將知識轉化成自己的內在智慧。

本書中，此計策是指一個人所學習的知識，只有經過自身的實踐才能成為自己的智慧，所以在學習新事物的過程中也要注重實踐。

◆ 成語故事

從哲學角度來說，知識是「以物觀之」，智慧則是「以道觀之」；從無知到有知、從知識到智慧，這是人類成長過程的兩個必要階段。

而人類之所以需要由知識到智慧的躍升，有兩個理由：

(1) 智慧是關於學習世間的根本原理，是學習不分領域的知識。知識所注重的是彼此有分別的領域，只有透過躍升，才能全面地進行學習。

(2) 轉識成智是一種理性的直覺，是在理性的作用下給予人豁然貫通之感的直覺，從知識到智慧，是在理論思想領域中貫通並體驗到無限的事物。

◆ 心理分析

曾經流行的一句話：「知識改變命運」，讓很多人把讀書視為改變命運的「護身符」。在今天的社會裡，知識的重要性與日俱增，人們的職業、財富、權力、名譽、地位，乃至教養、舉止、風度、格調等，無一不是透過知識獲得的。這更加驗證了知識改變命運的真理。

一個人如果沒有一定的專業知識，甚至沒有獲取這種知識的能力、環境和機遇，那麼他很可能會受到歧視，也可能不會有好的就業機會。

那什麼是知識呢？知識的定義為：對於知識的定義，一般常看到的是，對某一特定領域所知的總和。事實（facts）和資訊（information）都可能是在傳播知識。個人能夠透過經驗和教育獲得事實、資訊和知識。

因此可以說，學習知識是我們認識事物的根本，也為我們提供了實踐基礎。同時透過學習知識，我們可以獲得謀生的辦法，甚至在知識昇華以後，我們能以此修身養性。

然而在學習的過程中，由於大多數知識之間沒有連結，我們很難進行貫通和整合，並且知識會時常更新，我們很難及時掌握。因此，從古至今都存在著一個非常奇怪卻存在其合理性的現象 —— 專注知識而忽略智慧。

在「萬般為下品，唯有讀書高」的古代，人們雖然敬重卻也

看不起讀書人，稱他們為「窮酸書生」、「掉書袋」等。現代社會的人們也有一樣的看法；一方面，人們十分欽佩學歷高的人，另一方面，部分人很多時候卻不願意與高學歷人士共事。

造成這種現象的原因有兩點：

(1) 從教育的角度來說，家長和老師較注重於知識的灌輸，而缺少智慧的引導，這正像英國教育家懷海德（Alfred White-head）說的：「過往古人嚮往追求神聖的智慧，降低到現代人僅僅獲得各個科目的書本知識，這代表在漫長的時間裡教育的失敗。」

(2) 從個體的角度來說，人們缺少對學習到的知識進行反思，缺少對知識與自己、世界關係的反思，這樣就無從談起要如何創新知識了。沒有創新，知識是沒辦法轉化為智慧的。

人類掌握知識的主要目的，是把知識應用於社會與生活中，而在知識運用的過程中，智慧扮演著重要角色。當然很多人也會把智慧作為學習的終極目標。正如洛克（John Locke）所言：「智慧使得一個人能幹並有遠見，能很好地處理自己的事務，並專心致志在事務上。」

知識能夠誘發智慧，是開啟智慧大門的鑰匙，但知識不等於智慧。因此，在「轉識成智」的道路上，我們不僅要進行學識的累積，還要將知識加以實踐，轉化成自己的能力、經驗，使之成為智慧中的一部分。學習知識的主要作用是致用，只有

當知識轉化成能力和智慧的時候，才能真正彰顯知識的力量和價值！

◆ 幸福之計

在實現「轉識成智」的過程中，我們需要做到以下幾點：

1.「知道」

這是我們接觸新知識的第一步，也是學習的開始。如學習外語單字，你首先得了解它的基本詞義是什麼，讀音為何等。

2.「悟道」

即「知所以然」，是由感性上升到理性的認知過程。當我們看到一個人成功後的鮮花與掌聲時，我們也要了解他背後的付出與犧牲，也就是他能夠成功的原因。

3.「做道」

「做」是一個實踐與體驗的過程，也是發揮大腦潛意識能量的過程。我們需要做的就是放下理性的思考與判斷，百分之百地參與其中，在實踐中使知識得到昇華。

4.「教道」

透過教學相長，可以使認知與行動一致，從而進一步加深對知識的理解。

5.「得道」

也就是獲得智慧的階段。透過之前的磨練，將知識融入自己的經驗中，能夠做到對知識運用自如。

◆ 注意事項

並不是所有的知識經驗都需要轉識成智。有時候我們也可以透過吸取他人的經驗，獲得智慧。

第六章

知行合一篇

　　知行合一是由明朝思想家王陽明提出來的。即謂熟習事物的道理與在現實中運用這些道理是同樣重要的。這是古代哲學中認識論和實踐論的核心，古代哲學家認為，不僅要熟習道理（知），更需要實踐（行），只有把「知」和「行」結合起來，才能稱得上「善」。

　　我們知道，認知的形成是需要行為的實踐來加深的，而行為也是在認知的領導下進行的。兩者是一體，不能顧此失彼，輕視一方。

　　然而在現實中，經常出現思想和行動不一致的情況：要嘛行動跑在思想之前，要嘛思想跑到行為之前。思想與行動的不同步，就容易讓人迷失方向，找不到前進的動力。

　　本篇章旨在告訴人們不僅要認知，實踐同樣重要。只有知行合一才能真正獲得成長、取得成功。

　　當然，要做到知行合一，還需要懂得其中的計策：

　　第一計，「志在四方」，我們要建立屬於自己的志向。

　　第二計，「潛龍勿用」，建立志向之後，我們要進行規劃。

　　第三計，「否極泰來」，我們要時刻保持正向的心態。

　　第四計，「孜孜不倦」，我們需要堅持到底。

　　第五計，「心無旁騖」，我們需要提高注意力。

　　第六計，「知行合一」，我們要進讓知行不偏離。

志在四方：樹立遠大目標

◆ 成語釋義

志在四方，字面意思是一個人的志向在於天下，後來用於形容有遠大的抱負和理想。

本書中，此計策是指給自己樹立一個遠大的志向。

◆ 成語故事

「志在四方」是由「四方有志」衍變而來的。「四方有志」出自秦朝孔鮒撰寫的《孔叢子》。

戰國時期，魯國的孔穿去趙國遊歷，跟平原君門下的賓客鄒文和季節結成好友。孔穿回國時，鄒文、季節二人整整送行了三天，臨別時，兩人淚流滿面，對孔穿依依不捨。但孔穿只是淡淡地對他們做了個揖便頭也不回地離開了。孔穿的學生認為他太不近情理，孔穿卻不以為然地說：「我原以為他們是大丈夫，現在才知道他們像女人一樣，竟婆婆媽媽。人立於天地間，應有『四方之志』，為實現自己的理想，應以四海為家，怎麼能兒女情長，整天聚在一起呢？」孔穿的學生不住地點頭稱讚，對老師更加敬重了。後來人們將「四方之志」引申為「志在四方」。

　　成語「志在四方」出自春秋左丘明《左傳・僖公二十三年》。

　　春秋時期，晉國國內發生皇族鬥爭，晉公子重耳逃亡國外，最後逃到了齊國。在齊國期間，齊桓公對重耳以及追隨重耳的人都十分優待，還將自己的女兒齊姜許配給重耳為妻，重耳在齊國的日子過得十分舒適，一住就是 7 年，再也不想回去了。

　　齊桓公死後，齊孝公繼位，做了齊國國君，齊國開始衰弱。跟重耳出逃的隨從人員對重耳胸無大志、毫無打算的樣子早已深懷怨念，很是著急。這時，他們便偷偷地商議，設法讓重耳離開齊國。不料，姜氏的一個女僕聽到了這一祕密，並即刻報告姜氏。姜氏聽了，當即殺死了女僕，然後對重耳說：「你心懷四方大志，這很好。你放心去吧，我已經處死了聽到你們祕密商議的女僕。」重耳一聽很驚訝，馬上表明態度道：「我沒有打算離開你，也沒有打算離開齊國啊！」姜氏眼看丈夫不聽勸告，便和隨從等人商量了計策，用酒將重耳灌醉，乘機將他運上馬車，送出了齊國。

　　後來，重耳在外遊歷鍛鍊了幾年，在他 62 歲那年終於回到了晉國，繼任國君之位，成為春秋時期著名的晉文公。

孔穿簡介

孔穿，字子高，戰國時期魯國（今山東）人。他是孔箕的兒子，孔子的第五代子孫，終年 51 歲。他曾與春秋戰國時期著名的思想家公孫龍公開辯論而從此成名。

晉文公簡介

晉文公（西元前 697 年－西元前 628 年），姬姓，名重耳，是春秋時期晉國的第二十二任君主，西元前 636 年至西元前 628 年在位，是晉獻公的兒子，其母親是翟族狐氏女子。晉文公文治武功卓著，從小就喜歡結交賢士，身邊聚集了不少能人異士，其中最著名的是：趙衰、狐偃、賈佗、先珍、魏武子等人。

驪姬之亂時重耳被迫在外流亡 19 年，西元前 636 年春，在秦穆公的支持下回到晉國，殺晉懷公重奪王位。他在位期間實行通商寬農、明賢良、賞功勞等政策，作三軍六卿，使晉國國力大增；對外聯合秦國和齊國伐曹攻衛、救宋服鄭，平定周室子帶之亂，受到周天子賞賜。西元前 632 年，他在城濮大敗楚軍，並召集齊、宋等國於踐土會盟，成為春秋五霸中第二位霸主，開創了晉國長達百年的霸業，也是先秦五霸之一，與齊桓公並稱「齊桓晉文」。

◆ 心理分析

　　夢想，一直以來都是人們內心美麗的期望。不同的時代、不同的時期，人們會擁有不同的夢想。

　　在詩人中，李白的夢想是「登鸞車，侍軒轅，遨遊青天中，其樂不可言」；杜甫的夢想是「安得廣廈千萬間，大庇天下寒士俱歡顏」；陸游的夢想是「王師北定中原日，家祭無忘告乃翁」……

　　在科學家中，畢昇為了實現讓寒士能人人手握書本的夢想，經過刻苦鑽研，最終發明了活字印刷術；愛迪生（Thomas Edison）為了實現照亮世界的夢想，歷經上千次失敗，只為選擇合適的燈絲；萊特兄弟（Wright brothers）為了實現人類飛天的夢想，歷經千辛萬苦，最終製造出了載人飛機……

　　人因夢想而偉大。一個人如果連自己的夢想都不清楚，那麼他最終將會一事無成，等到老的時候，他可能會發出這樣的感想：

　　當我年輕的時候，我夢想改變這個世界；當我成熟以後，我發現我不能夠改變這個世界，我將目光縮短一些，決定只改變我的國家；當我進入暮年以後，我發現我也不可能改變我的國家，我的最後願望僅僅是改變我的家庭。但是，這也不可能。當我躺在床上，行將就木時，我突然意識到：如果一開始我僅僅試著改變自己，然後，我可能會改變我的家庭；在家人

的幫助和鼓勵下，我可能會為國家做一些事情；然後，誰知道呢？我甚至可能改變這個世界。

那夢想究竟是怎麼回事呢？

從心理學的角度來說，夢想是一種需求，這種需要在馬斯洛看來可以分為低中高三個層次，最低層次是生理需求，中等層次是安全需求、愛與歸屬需求和尊嚴需求，而最高層次是自我實現的需求。

對於那些身處社會底層的人來說，吃飽穿暖就是他們最大的夢想，這是最底層的夢想；而對於現在很多人來說，他們在溫飽之時努力打拚，是為了獲得安全感，獲得他人的愛和尊重，這是中間層的夢想；然而還有一部分人，他們將自己的夢想與國家的發展、世界的發展結合在一起，努力成為科學家、軍人、醫生……最終達到自我的實現，這是最高層次的夢想。

那我們應該如何實現自己的夢想呢？

《禮記·大學》告訴我們：「古之欲明明德於天下者，先治其國；欲治其國者，先齊其家；欲齊其家者，先修其身；欲修其身者，先正其心；欲正其心者，先誠其意；欲誠其意者，先致其知，致知在格物。」所以，要想實現夢想，必須要樹立一個實際可行的目標，從自身做起，從小事做起。

◆ 幸福之計

　　一個人只有擁有了志向，才能在這個充滿誘惑的世界中堅定自己的夢想。但這個志向需要滿足三個條件：

(1) 它是能夠與個人的發展、世界的發展、人類的前途結合起來的。

(2) 它應該是同時滿足自我需求和社會需求的。

(3) 它是能夠將自我價值和社會價值結合起來的。

◆ 注意事項

(1) 所建立的志向是可以進行實際操作的，而不是侃侃而談所捏造出來的。

(2) 所建立的志向是可以符合長遠發展的，而不是短期內可以輕易實現的。

(3) 確立志向後，避免好高騖遠、眼高手低，要做到持之以恆。

潛龍勿用：人生規劃與厚積薄發

◆ 成語釋義

潛龍勿用，出自《易經》第一卦乾卦的象辭。這個卦辭本義指隱潛於水中的龍力量弱小，暫不宜有所作為，隱喻事物在發展之初，雖然勢頭較好，但比較弱小，所以應該小心謹慎、不可輕舉妄動，等到時機成熟之後再有所為。

作為本計策，是指要有自己的人生規畫並能夠做到順其自然地發展。同時學會克服生活、工作中的逆境。

◆ 成語故事

潛龍勿用，隱喻事物在發展之初，雖然勢頭看好，但比較弱小，所以在潛伏時期還不能發揮作用，必須堅定信念，隱忍等待時機，不可輕舉妄動。時機未到，如龍潛深淵，應藏鋒守拙，待機而動。

在《論語‧先進》「侍坐章」中記載，有一天，孔子與幾位學生坐在一起閒聊，孔子忽然問幾位弟子將來的志向。

子路忙說：「一個有著千乘兵車的國家，卻夾在大國之間，屢受侵犯，又遇饑荒。若讓我治理這個國家，三年的功夫，我就可以讓這個國家裡的每個人都勇敢善戰，並懂得做人的道

理。」子路的話表明了他有建功立業的志向和氣魄，但孔子什麼都沒有說，只是微微一笑。

接下來，冉求說自己願意在一個小地方做百姓的父母官。輪到公西華時，他說：「我不敢說我以後能做些什麼，不過我願意堅持不懈地學習。」

三個人表達完各自的志向以後，在一旁彈琴的曾皙停下來，起身不急不忙地說道：「我的志向嘛，就是在暮春時節，穿上春天的衣服，和五、六位成年人，六、七個少年，到沂河裡洗洗澡，在野外吹吹風，然後唱著歌回家去。」

孔子連忙點頭，感嘆道：「我欣賞曾皙的志向啊！」

曾皙簡介

曾點，字皙，又稱曾皙，春秋時期魯國南武城人，「宗聖」曾參之父，孔子眾弟子之一，孔門七十二賢之一，是孔子三十多歲時第一批授徒時收的弟子。曾點與其子曾參同師從孔子，曾自言其志，孔子頗為嘆賞。

曾點喜歡彈琴唱歌。他信奉儒學，崇拜孔子，學習儒家學說，並付諸實踐，但未與孔子周遊列國。他痛恨當世禮教，立志改變現狀，孔子認為他是有進取心的狂放之士。

◆ 心理分析

在志向的選擇中，為什麼孔子更傾向於曾皙的「莫春者，春服既成，冠者五六人，童子六七人，浴乎沂，風乎舞雩，詠而歸。」呢？在孔子漂泊的半生中，一直未能施展抱負。根據古人不要盲目從政的思想，曾皙的志向更符合「潛龍勿用」的原則。正如孔子曾如此評價蘧伯玉：「蘧伯玉這個人真是個君子！國家政治符合大道的時候，他就出來做官；國家政治不符合大道的時候，就能收斂、隱藏自己。」

「潛龍勿用」出自《易經》中乾卦的第一爻，接下來的五爻是「見龍在田、終日乾乾、龍躍於野、飛龍在天、亢龍有悔」，從人生發展的階段來說，這六爻代表的是不同時期的人生規畫和目標定位。

第一爻，潛龍勿用，是指人生初始階段。這個時期是累積的階段，我們所需要做的就是學習知識和本領。即便他（她）就是一條龍，也需要潛。

第二爻，見龍在田，是指人生的準備階段。這個時期裡人可以適當地展現自己，以期待機遇，遇見相助自己的貴人，但是在這個時期仍然需要不斷地學習。

第三爻，終日乾乾，是指人生的開始階段。在做事的過程中，即使辛苦也是應該的，不要急於求成，警惕暴露自己缺點。

第四爻，或躍在淵，是指人生的上升階段。人要盡情發揮

自己的才能，讓別人看到自己的優勢，這個階段就像「鯉魚躍龍門」，飛過去了就能身價百倍，飛不過去就前功盡棄了。

第五爻，飛龍在天，是指人生的高潮階段。在自己最春風得意的時候，依然要做到不間斷地工作、學習。

第六爻，亢龍有悔，是指人生的下降階段。春風得意過後，要做到及時反省自己，不要盲目自大，要總結自己所獲得的經驗。

我們只有了解自己在人生的某個階段需要做什麼，才能在適合的時間做出正確的事，而不至於「碌碌無為」，而後又「悔時已晚」。為什麼北宋的方仲永會從神童變成碌碌無為的普通人？他缺少的就是對人生的規劃。

人生規畫，是指一個人根據社會需求，對自己的發展道路做出一種預先的策畫和設計。規畫的內容包括職涯規畫、個人財產規畫、情感規畫、健康規畫、時間規畫、目標規畫劃等等。

這裡我們先說一下職業規畫：

某所大學在對大學生職涯規劃的研究中發現，認為「非常需要職涯諮詢」的學生占全部被試者的 79.25％；「曾經為不了解自己的職業發展目標而煩惱，並且現在仍然不清楚」的學生多達 69.81％。當問及「你是否想過要實現自己的職業規畫需要透過什麼樣的途徑」時，回答「想過，但自己沒有具體辦法」的學生占全部被試者的 57.23％；回答「想過並且很清楚」的只占

16.35％；另外，回答「沒想過，走一步算一步」的占22.01％。

不但大學生缺乏職涯規畫，學校的老師也存在這種現象：

大部分老師缺乏職涯規畫相關知識，只有9.4％的老師對「職涯規畫」的知識表示「很了解」。

大部分老師缺乏職涯規畫的內在動機，50.7％的老師規劃職涯是源於外在的誘因 ——「晉升需要」、「迫於社會或學校的要求」、「獲得上級教育部門主管、學校或同行的認可」。

職涯規畫的培訓或指導不能滿足老師的發展需求，76.9％的老師表示有參與職涯規畫培訓的意願，但從實際來看，僅有31.1％的老師參與過這方面的培訓。

也許在我們小時候，還不明白什麼是人生規劃，所以由父母來幫我們做決定，規劃我們的學業計畫、我們成長的方向。但是我們長大懂事之後，就應該嘗試自己去規劃人生，規劃職涯。

需要強調的是，人生規劃只是我們期望的發展方向，現實不一定能夠按照我們所設想的發展下去。古往今來，有多少大器晚成之人並沒有預料到自己遲來的成功。但是他們能夠不放棄自己的志向，能夠鍥而不捨地堅持下去，這就是值得我們推崇的。

比如姜太公。姜尚是一個非常有能力的人，卻在年過古稀之時才被周文王發掘。也就是說，在之前的七十多年時光中，姜尚一直都處於鬱鬱不得志的狀態。

但是姜尚並沒有灰心，為了生存，姜太公當過宰牛、賣肉的屠夫，也當過開店賣酒的商人，甚至還曾有過無米之炊時，但他仍然人窮志不短，始終勤奮刻苦地學習天文地理、軍事謀略，研究治國安邦之道，期望有一天能為國家施展才華。他的付出也終有回報，在興周滅商的戰爭中，他大展身手，為周朝的建立立下汗馬功勞，被周文王封為「太師」（官名），被尊為「師尚父」。

倘若沒有之前的默默累積，就不會成就後來的姜太公。正如時人對他的形容，「姜太公釣魚，願者上鉤」，這當中所展現的就是「潛龍勿用」的道理。

這些大器晚成之人，其實是在厚積薄發。當自己鬱鬱不得志時，能夠忍耐生活中的不如意，堅持進修、堅持工作，始終不放棄自己的志向，靜待一鳴驚人的機會。

事實上，在人生的漫漫路途中，一定有一個階段是需要我們耐心等待的，也就是「潛龍」階段。在這個階段，也許我們已經有了能夠一展抱負的本事，但由於時機不當，我們還不能夠有所行動；也許我們的能力雖已顯現，但並不成熟，還需要持續累積實力。

正如孔子所說的：「吾十有五而志於學，三十而立。」這其中的 15 年時間就是潛心修煉的日子。因而我們為了更好地實現人生抱負，就需要「潛」、應該「潛」。

◆ 幸福之計

在制定自己的人生規畫，或者是職業生涯規畫、學業規畫時，我們需要做到以下幾點：

(1) 分析自己的需求，確立規畫的目的。

(2) 分析自己的性格、所處環境的優勢和劣勢以及一生中可能會遇到的機遇，包括危機在內。明白局勢後才能更好地做出規劃。

(3) 制定長期目標和短期目標。短期目標是在長期目標的基礎上制定的。

(4) 發掘阻礙，即發掘自身性格和生活工作中存在哪些不利的因素，並列舉出來找到解決的辦法。

(5) 加強計畫。計畫需要有明確的目標、可實施的方案、確定的期限。

(6) 尋求幫助。尋求外力的監督和協助，可以讓我們的計畫更加順利地進行。

◆ 注意事項

在制定計畫時要時刻圍繞自己的目標進行，切忌離題。

否極泰來：學會用正向心態看問題

◆ 成語釋義

否極泰來，意思是逆境達到極點，就會轉化成順境。通常是指壞運氣到了頭，好運就來了。

本計策用來指在執行計畫時，我們要學會調整自己的心態，用正向的心態看待問題。

◆ 成語故事

否極泰來，出自《周易‧否》、《周易‧泰》。東漢‧趙曄《吳越春秋‧勾踐入臣外傳》中有關於該成語的記載，「時過於期，否終，則泰」。

春秋時期，在吳國與越國的戰爭中，越國被打敗，屈辱求和。越王勾踐五年（西元前 492 年），勾踐和大臣文種、范蠡按照戰敗協定去吳國當奴僕，大臣們都紛紛來到江邊送行。

文種、范蠡勸慰勾踐說：「古人云：『處境如果不困厄，那麼志向就不會遠大；形體如果不憂愁，那麼考慮就不會深遠。』聖明的帝王、賢能的君主都會遭遇災難、蒙受恥辱，他們的身體雖然被拘禁，但名望卻很崇高，身體雖然受屈辱，聲譽卻很榮耀，他們處在卑下的地位而不消沉，處在危險的時刻卻能安

然處之。」

他們又說道：「五帝儘管德行深厚，但還是遭受了洪水氾濫的憂患。周文王遭受欺凌和屈辱，身遭囚禁，痛哭流涕，而終能推演《易》而創六十四卦。時間過了一定的期限，厄運到達極點就轉向了通達。諸侯都來救援文王，他的命運出現吉祥的徵兆，最終起兵討伐仇人而奪得天下。現在大王雖然處在危難和困厄之中，但誰能知道它就一定不是通達得志的徵兆呢？」

後來越王勾踐臥薪嘗膽、發奮努力，終於一舉戰勝吳國，吳王夫差自殺，勾踐得以稱霸諸侯。

越王勾踐的簡介

越王勾踐，姒姓，本名鳩淺，夏禹的後裔，越王允常的兒子，春秋末年越國國君，《荀子·王霸》認定的春秋五霸之一。

西元前496年，越王勾踐即位，同年，大敗吳師。越王勾踐三年，被吳軍在夫椒打敗，被迫只能向吳求和。三年後被釋放回越國，後開始重用范蠡、文種等人，使越國的國力逐漸恢復。越王勾踐十五年，吳王夫差興兵參加黃池之會，為了彰顯武力而精銳齊出。勾踐抓住機會率兵而起，大敗吳師。夫差倉促與晉國定盟而返，與勾踐連戰幾回都以慘敗告終，不得已只能與越議和。越王勾踐十九年，勾踐再度率軍攻打吳國，在笠澤交戰，三戰三捷，大敗吳軍主力。越王勾

踐二十四年，攻破吳國首都，夫差自盡。勾踐終滅吳稱霸，
以兵渡淮，會齊、宋、晉、魯等諸侯於徐州，遷都琅琊，成
為春秋時期最後一位霸主。

　　因為他的「臥薪嘗膽」的典故，勾踐成為不懼怕失敗與
屈辱、勇於打拚的典範。

◆ 心理分析

　　在中華文化中，祖先很早就看出了事物的兩端，如陰與
陽、生與死、靜與動、福與禍、危機與機遇等，並論證了兩端
之間的關係，如「塞翁失馬，焉知非福」、「禍兮福之所倚，福兮
禍之所伏」。

　　馬克思（Karl Marx）的哲學思想也告訴我們：世界上沒有
絕對的動與靜，而是相對的。因此在知行合一的第三計策中，
我們採用「否極泰來」一詞，旨在告訴人們，要看到事物的兩面
性，並且學會用正向的眼光來看待問題。人的思維有時候會因
為受到局限而看不到事物的另外一面，以至於發生「一葉障目，
不見泰山」的情況。

　　在春秋時期，吳國國王壽夢準備攻打荊地（楚國），遭到大
臣的反對。吳王很惱火，召見群臣並警告：「膽敢勸告出兵的
人，我將他處死！」此時有一個少年知道自己地位低下，勸告必
定沒有效果，只會被處死，於是每天早晨，他都拿著彈弓、彈

丸在王宮後花園裡轉來轉去，露水溼透了他的衣服，這樣的行為持續了很長時間。

吳王很奇怪，問道：「你這是為何？」少年道：「園中的大樹上有一隻蟬，牠一面放聲鳴叫，一面飲露水，卻不知已有一隻螳螂在牠的後面；螳螂想捕蟬，但不知旁邊又來了黃雀；而當黃雀正準備啄螳螂時，牠又怎知我的彈丸已對準牠呢？牠們三個都只顧眼前利益而看不到後面的災禍。」吳王一聽就受到了啟發，隨後取消了這次軍事行動。

生活中我們也會不知不覺地陷入這種狀況中。這其中很大一部分原因就是我們沒有遠見。

古人常說「博古而通今」，在《警世通言・趙太祖千里送京娘》中也強調：「要知古往今來理，須問高明遠見人。」身處現今變遷快速的時代，我們更需要有遠見。

所謂的遠見就是能用和大家不同的眼光來看待事物的發展。如能從正面的事情中看出負面的地方，那我們就能夠做好預防措施，這是「居安思危」的能力；同樣地，從負面的事情中看到正面的地方時，我們就有了堅持下去的勇氣和毅力，最終也會迎來我們所要的「否極泰來」。

能在逆境中做到臨危不亂，在順境中做到不盲目自大，這就是遠見！為什麼很多人在做「吃力不討好」的事情？為什麼很多人不工作就能獲得高額收入？這就是有無遠見的區別。現今

社會，要想做大事、賺大錢，沒有遠見是不行的。

當然我們要想成就大業，僅僅只有遠見也是不夠的，在這裡提供幾個錦囊妙計：

1. 遠見

看待事情時，要用長遠的眼光來看待它的發展，而不是僅僅只盯著眼前的問題。

2. 接受或者享受

一件事情的發生必定有它發生的原因，此時我們所要做的就是接受已經發生的狀況，而不是去抱怨，甚至學會享受問題給我們帶來的一切。

3. 積極應對

遇到問題，逃避並不能讓問題自動消失，只有積極應對才是正確的解決之道。

4. 轉換心理

轉化遭遇困難時的負面、挫敗心理，只有用正向的心態去面對困難，才有可能渡過難關。

5. 與問題同行

如果有些我們實在解決不了的問題，就要學會與問題同行。等到我們的能力足夠強大時，再慢慢化解這些疑難雜症。

　　要做到如此，我們就需要擁有一個強大的內心。用心理學的專業術語來說，就是我們要擁有較強大的心理資本。

　　心理資本是指個體在成長和發展過程中表現出來的一種正面心理狀態，是超越人力資本和社會資本的一種核心要素，是促進個人成長和正向發展的心理資源。

　　心理資本是企業除了財力、人力、社會三大資本以外的第四大資本，包含自我效能感（自信）、希望、樂觀、堅韌等。企業的競爭優勢不是財力、不是技術，而是人。

　　從我們出生開始，就在一定程度上決定了我們的財力、人力上升的空間。但心理資本的上升空間是無法衡量的。我們可以透過提升自己的心理資本，來增強自己的競爭優勢。

　　一個心理資本較強大的人，在遇到難題時不會被難題所困擾，他會對自身充滿信心，會以一種樂觀而充滿希望的態度來看待問題，並且會用毅力去克服難題。在他看來，沒有過不去的坎、沒有爬不過去的山。他會用自己強大的內心來證明，人人都可以成為強者、人人都可以成功。因此，人的潛能是無限的，而其根源就在於心理資本。心理資本是貯藏在我們心靈深處一股永不衰竭的力量，是人生能夠持續發展的原動力。

　　正如美國現代成人教育之父戴爾・卡內基（Dale Carnegie）在《人性的優點》（*How to Stop Worrying and Start Living*）中所說的那樣：「一個人如果必須透過外界的評價來證明自己，這只

能說明他的內心不夠強大，只有不再需要依賴外界對自己的評判、自己就能證明自己的時候，內心才是真正強大無比了。」

　　一個內心強大的人，才能真正無所畏懼。也只有當內心強大時，我們在生活中才會處之泰然、寵辱不驚。不論外界有多少誘惑、多少挫折，都心無旁騖，依然固守著內心那份堅定。

◆ 幸福之計

　　在知行合一的過程中，我們需要給自己樹立一個強大的內心，需要提高我們的心理資本。那我們究竟該如何做呢？

(1) 利用下文所附的「心理資本自評量表」對自己的心理資本進行測驗，了解自己的心理資本多麼強大並了解心理資本中不足的部份。

(2) 針對自己心理資本中較不足的部分制定一個詳細的加強計畫。

(3) 按照自己的計畫實施一段時間後，再對自己的心理資本進行檢驗，看看是否有所提升。

(4) 如果計劃有效，你的心理資本得到提升，你可以把經驗分享給他人，與他人共同成長；如果你的計畫效果不明顯，就需要進行總結與反思，找出問題，進而改進計畫並重新實施。

◆ 注意事項

(1) 在進行心理資本評估時，要保證自己處於平靜的心理狀態，並且盡量客觀地回答相關問題。

(2) 制定的計畫要是可以實施的，並且有明確的目標和確定的時間。

(3) 在執行的過程中，注意連貫性，切忌中間停頓。

(4) 計畫實施完成以後，並不代表提升的效果就是穩定的，需要不間斷地對加強心理資本進行安排與計劃。

以下附上「心理資本自評量表」供讀者參考：

這裡有一些句子，它們描述了你目前是如何看待自己的。答案沒有對錯之分，無須花太多時間考慮，憑第一感覺回答即可。請評斷每一句陳述句和您自身情況的符合程度。

評分方式：1 分 = 非常不同意，2 分 = 不同意，3 分 = 有點不同意，4 分 = 有點同意，5 分 = 同意，6 分 = 非常同意。請注意 R 代表該題需要反向計分，即非常不同意記 6 分。

(1) 我相信自己能分析長遠的問題，並找到解決方案。

(2) 與管理層開會時，在陳述自己工作範圍之內的事情方面我感到很有自信。

(3) 我相信自己對公司策略的討論有貢獻。

(4) 在我的工作範圍內，我相信自己能夠幫助公司設定目標／目的。

(5) 我相信自己能夠與公司外部的人（比如供應商、客戶）聯繫，並討論問題。

(6) 我相信自己能夠向一群同事陳述訊息。

(7) 如果我發現自己在工作中陷入了困境，我能想出很多辦法擺脫困境。

(8) 目前，我正在精力飽滿地完成自己的工作目標。

(9) 任何問題都有很多解決方法。

(10) 眼前，我認為自己在工作上相當成功。

(11) 我能想出很多辦法來實現我目前的工作目標。

(12) 目前，我正在努力實現我為自己設定的工作目標。

(13) 在工作中遇到挫折時，我很難從中恢復過來，並繼續前進。（R）

(14) 在工作中，我無論如何都會去解決遇到的難題。

(15) 在工作中如果不得不去做，可以說，我能獨立應戰。

(16) 我通常對工作中的壓力能泰然處之。

(17) 因為以前經歷過很多磨難，所以我現在能挺過工作上的困難時期。

(18) 在我目前的工作中，我感覺自己能同時處理很多事情。

(19) 在工作中，當遇到不確定的事情時，我通常期盼最好的結果。

(20) 如果某件事情會出錯，即使我明智地工作，它也會出錯。（R）

(21) 對於自己的工作，我總是看到事情光明的一面。

(22) 對於我的工作未來會發生什麼，我是樂觀的。

(23) 在我目前的工作中，事情從來沒有像我希望的那樣發展。（R）

(24) 工作時，我總相信「黑暗的背後就是光明，不用悲觀」。註釋：R 代表該題需要反向計分，即非常不同意記 6 分。

總分：

80 分以下，你需要加強和訓練你的心理資本，以應對挑戰和危機；

80 分以上，你的心理資本處於中等水準，可應對一般的壓力和挑戰；

100 分以上，你的心理資本處於較高水準，可應對較高的壓力和挑戰；

124 分以上，你具有極高的心理資本，可以應對極高的壓力和挑戰。

特質分析：

特質	相應題目	評分標準（以平均分數計算）
自信	1 ～ 12 道題	4.06 分及以下，自信水準偏低； 4.06 ～ 4.92 分，自信水準中等； 4.92 分及以上，自信水準較高。
希望	7 ～ 12 道題	3.52 分及以下，希望水準偏低； 3.52 ～ 4.44 分，希望水準中等； 4.44 分及以上，希望水準較高。
韌性	13 ～ 18 道題	3.85 分及以下，韌性水準偏低； 3.85 ～ 4.75 分，韌性水準中等； 4.75 分及以上，韌性水準較高。
樂觀	19 ～ 24 道題	3.65 分及以下，樂觀水準偏低； 3.65 ～ 4.71 分，樂觀水準中等； 4.71 分及以上，樂觀水準較高。

孜孜不倦：堅持就是勝利

◆ 成語釋義

孜孜不倦，指做事勤奮刻苦、不知疲倦。

本計策是指在追求志向的過程中，我們要有堅持的精神。

◆ 成語故事

孜孜不倦，出自春秋時期孔丘的《尚書‧君陳》：「唯日孜孜，無敢逸豫。」

上古時期，洪水經常氾濫。每次洪水爆發，都是山丘被淹，農田被吞沒，村莊也被淹沒，房屋倒塌，百姓因此流離失所。

禹看見這般情形後十分憂慮，他決心竭盡所能，做一些對百姓有利的事情。於是，禹開始奔走各地，帶領眾人全力疏通管道，引渠入河，引河入江，引江入海，徹底解決水患的問題。

洪水之患解決後，禹又和舜一起，開始教導百姓，向他們傳授種田耕地、培育莊稼的方法，使荒蕪了多年的土地開始長出綠油油、繁茂的莊稼作物。等莊稼收穫以後，禹又開始教百姓們按照各自所需相互交換物資，使百姓安居樂業，天下太平。

禹的一舉一動，被舜盡收眼底，舜十分感動。後來，舜將皇位傳給了禹。而禹也曾對舜帝說：「我們每天都勤勉地工作，不敢有半點的懈怠，不能貪圖享樂。」

禹的簡介

禹，姓姒，名文命，字密，史稱大禹或者帝禹，是夏后氏的首領、夏朝開國的君王。禹是黃帝的玄孫、顓頊的孫子。其父名鯀，被帝堯封於崇，為伯爵，世稱「崇伯鯀」或

「崇伯」，禹的母親是有莘氏之女，修己。

相傳，禹治理黃河有功，受舜禪讓從而繼承了帝位。禹是禪讓制度下產生的最後一個部落聯盟首領。在眾諸侯的擁戴下，禹的兒子啟以陽城作為都城稱帝，國號夏。禹的兒子啟是夏朝的第一位天子。

在傳說中，禹、堯、舜三者齊名，被稱為賢聖帝王。禹最卓越的事蹟就是一直被世人傳頌的治理水患，又將版圖劃定為九州。後人將其稱為大禹。禹死後，葬在會稽山上，坊間仍存在著禹廟、禹陵和禹祠。從夏啟開始，歷代帝王都會前來祭祀他。

◆ 心理分析

大禹治水精神是孜孜不倦精神的源頭和象徵。大禹受命於堯，為天下萬民興利除害、躬親勞苦，手執工具，與下民一起櫛風沐雨，與洪水搏鬥。耗時 13 年，終完成治水的大業。於是人們用「大禹治水，三過家門而不入」來表達對大禹堅持治水的感激之情。

大禹治水的事蹟所展現的不僅僅是因公忘私、民族至上、民為邦本等精神，更是一種孜孜不倦的執著追求的精神，用一個詞來形容就是「堅持」。

　　堅持是我們必不可少的性格、特質。堅持能夠讓人們完成一件看似不可能的事情，使之變成可能或成為現實，如滴水穿石、鐵杵磨針，也使得汽車、飛機、燈泡、電話等發明一一實現。

　　阿里巴巴創辦者馬雲從不放棄夢想。他在考大學時，花了三年才考上；想念哈佛大學也沒有成功。但他有堅持不懈、勇往直前的精神，俗話說：「寶劍鋒從磨礪出，梅花香自苦寒來。」他透過自己的努力，最終成功了。他說：「夢想要腳踏實地，和眼淚是息息相關的。」

　　除了夢想，我們還可以堅持做很多事情。從培養正面行為的角度來說，當我們堅持做一些一些有益於身體健康的行為，使其成為自己的習慣時，我們不僅能改善自己的健康，也能延長壽命。

　　最近，美國哈佛大學一項最新的研究顯示，對於成年人來說，保持五大健康生活習慣是使壽命延長 10 年甚至更長的關鍵。其中五大健康生活習慣是指堅持健康飲食，每天 30 分鐘或以上中高強度的規律運動、控制體重（身體質量指數（BMI）控制在 18.5 至 23.9 之間）、不吸菸、不過量飲酒。

　　透過針對約 7.9 萬名美國成年女性長達 34 年的追蹤調查以及對約 4.4 萬名美國成年男性長達 27 年的追蹤調查；研究人員發現，即便只能做到其中一項，也會明顯降低早亡風險。如果

這 5 個方面都控制得很好，那麼預期壽命延長的效益也會達到最大。統計顯示，5 個健康生活習慣全都具備的話，女性最高可延壽 14 年，男性可能會因此延壽 12 年。

跑步一直是很受大眾喜歡的一項運動，很多行業的佼佼者也是這項運動的忠實粉絲。

如綜合格鬥之父、著名華人武打電影演員、世界武道改革先驅者李小龍日常最基礎的訓練就是跑步；Facebook 創始人馬克・祖克柏（Mark Elliot Zuckerberg）每天堅持跑步 1.6 公里，不論颶風下雨，不論在家或是外出工作；日本後現代主義作家村上春樹，透過跑步領悟到什麼是超越、什麼是完美、什麼是「小確幸」、什麼是靈肉和諧，由此實現了人生的昇華。

因而在知行合一的道路上，我們只要保持著思想與行為的一致，形成良好的習慣，就能在短暫的一生中活出不一樣的精彩。

◆ 幸福之計

(1) 為自己制定一個計畫，是自己每天都要堅持的一件事。

(2) 這件事可以是跑步、打球等運動，也可以是寫作、記日記、看書等靜態活動。當然也可以是自己的愛好，或者是一直想要學習的技能等。

(3) 在執行過程中，要定時定點完成計畫的內容。

◆ **注意事項**

如果你是剛開始學習堅持的人，切忌在制定計劃時，一次就安排多項事宜，最好是從一件事情開始進行安排，等到養成習慣以後，再慢慢增加。

心無旁騖：提高注意力

◆ **成語釋義**

心無旁騖，是指心中沒有另外的雜念，形容心思集中、專心致志。本計策主要是指人在做事情的時候，要提高自身的注意力，克服外界的干擾因素。

◆ **成語故事**

冰心在她的《談信紙信封》中這樣寫道：「有不少人像我一樣，在寫信的時候，喜歡在一張白紙，或是只帶著道道的紙上，不受拘束地，心無旁騖地抒寫下去的。」心無旁騖便出於此。

冰心簡介

冰心，中國福建長樂人，1900 年 10 月 5 日出生於一個海軍軍官家庭。原名為謝婉瑩，冰心是她的筆名，取「一片

冰心在玉壺」之意。

1999 年 2 月 28 日逝世，享年 99 歲。

冰心是現代著名女作家、兒童文學家、詩人、翻譯家，她的文學作品中多歌頌母愛、童真、自然。她非常喜愛小孩，把小孩看作「最神聖的人」。她的代表作品有《繁星・春水》、《寄小讀者》、《小橘燈》、《只揀兒童多處行》。

◆ 心理分析

在《孟子・告子上》中說了這樣一個故事：

古代有一個名叫秋的人，棋藝精湛。有兩個學生跟他學下棋。一個學生非常專心，集中精力聽從教師的指導。另一個學生認為學下棋很容易，人雖坐在那裡，心卻飛走了，所以秋講的知識他一點也沒有聽進去。結果雖然這兩個學生一起學習又是同一個名師傳授，但一個成了棋藝高超的大師，另一個卻沒有學到什麼本事。

在這則故事中，我們看到兩名學生對於學圍棋的不同態度，一個做到了「心無旁騖」，而另一個則是「心有他物」，結果也是顯而易見的不同。這其中蘊含了一個關鍵詞：注意力。

在心理學中是怎麼解釋「注意力」的呢？注意力是指人的心理活動集中於某種事物的能力，是人的意識的具體表現，是把

自己的感知和思維等心理活動集中於某一事物的能力。

簡單來說，注意力能讓人在工作時，使味覺、視覺、嗅覺等各種感知器官以及思想活動、肢體動作都專注於工作內容中，而不會想到諸如待會吃什麼飯、下班後去哪裡玩等與工作無關的內容。

在人的工作和學習中，注意力不僅影響著效率，也影響著辦事的品質。成語「事倍功半」和「事半功倍」所展現的就是注意力與工作效率的關係：注意力集中了，效率就會大大提高；注意力渙散了，效率就會大打折扣。

所以我們在做事情時，只有將注意力集中到一件事情上，排除雜念，才能將事情做到盡善盡美，才能得到自己最終想要的結果。

隨著科學的發展，許多科技的出現使我們的生活更加方便，但同時也給我們帶來了一些不利的影響。環境中過多的噪音、現實中的諸多誘惑，會使我們的注意力大大降低。

某家公司進行調查顯示，66％的員工無法每次專注於一件事；70％的員工在工作時沒有定期進行創新或策略思考的時間。

注意力降低最終會導致人際關係緊張、自律能力下降、成績下降，嚴重時還會威脅生命。有關資料顯示，在發生交通意外的原因中，注意力不集中是首要因素：

2011 年，維吉尼亞州智慧運輸協會和美國全國高速公路安

全局在一份為期 1 年的調查結果中發現，研究人員透過對數千小時的錄影資料進行研究後，最終得出結論：在已經發生的交通事故或者一些諸如碰撞、刮傷及其他小摩擦事故中，駕駛的注意力分散是最重要的原因。研究報告顯示，在已經發生的車禍中，屬於注意力不集中引起的占 80%。而在差一點發生車禍的交通事故中，有 65% 都是由於駕駛的注意力不集中造成的。駕駛的注意力不集中是造成車禍發生的最主要原因，其中注意力分散的行為有駕駛在開車時打電話、看報紙、塗口紅等。當然，嚴重睡眠不足也會引起駕駛在開車時的注意力不集中。

因而在做事情的過程中，特別是一些關係到生命安全的事情，我們一定要集中注意力。

另外，當注意力高度集中時，我們就會全身心投入當前的任務中，投入則是人生幸福的一大要素。

賽里格曼（Martin E. P. Seligman）構建了幸福人生的五要素：正向情緒、正向人際關係、投入、生命意義和目的、成就感。其中的「投入」指的就是心無旁騖的結果，也是注意力集中的最高境界。

投入的狀態能使一個人充分調動自己的情緒、狀態，積極地應對所要解決的問題，更大程度地發揮自己的想像力及創造力。正如契克森米哈伊（Mihaly Csikszentmihalyi）所提出的「心流」概念：當一個人表現最傑出時，那種水到渠成、不費吹灰之

力的感覺，也就是運動家所謂的「巔峰狀態」、作家所說的「文思泉湧」。

這裡講一則關於投入的故事：

有一次，有個婦女去買棉花，顧棉花攤的年輕人正在算一道數學題，那個婦女問一包棉花多少錢，然而勤學的年輕人卻沒有聽見，就把算的答案說了一遍，那個婦女尖叫起來：「怎麼這麼貴？」這時的年輕人才知道有人來買棉花，就說了價格，那婦女便買了一包棉花走了。年輕人正想坐下來繼續算題時，才發現剛才算題目的草紙被婦女帶走了。這讓年輕人急壞了，於是他不顧一切地追了出去。

追上後，年輕人不好意思地說：「阿姨，請……請把草紙還給我。」那婦女生氣地說：「這是我花錢買的，可不是你送的！」年輕人急壞了，於是他說：「要不這樣吧！我花錢把它買下來。」就在年輕人伸手掏錢時，那婦女也許是被他感動了，不僅沒要錢還把草紙還給了年輕人。這時候年輕人才微微鬆了口氣，回家後又繼續計算……最終，這名年輕人倚靠他的毅力與投入成為了一位著名的數學家。

身為普通人，我們應該以這名數學家為榜樣，在追求志向的過程中，要全身心地投入其中。

◆ 幸福之計

在提高注意力、加強投入的過程中，我們需要注意以下幾點：

(1) 確立目的。透過加深對目標的了解，來提高自己的自律性，進而集中注意力。

(2) 克服內外干擾。除了要避免用腦疲勞、確保充足睡眠外，我們還要積極運動，把自己調整到最佳狀態；另外，我們也要盡量避開分散注意力的外界刺激，如在課堂上收起與上課無關的報紙雜誌，在家寫作業時關掉電視等；當然我們也可以適當地鍛鍊自制力，培養「鬧中有靜」的心態。

(3) 養成注意習慣。在學習或工作的過程中，我們要學會自問自答，以思考來保持高度注意力；分心時，要學會自我暗示，及時把注意力拉回來。

◆ 注意事項

在提高注意力的初期，需要注意以下幾點：

(1) 選擇環境方面，要選擇較安靜的環境，例如圖書館、書房、辦公室等場所。

(2) 在進行注意力訓練前做好準備，例如：把手機調成靜音，放在眼睛看不到的地方；避免飢渴或過於飽腹狀態，解決好自己的生理問題等。

(3) 要注意時間的合理安排，避免時間過早或過晚、過長或過短。合理的時間安排應先從較短時間開始，然後慢慢延長。

▌捨生取義：選擇的重要性 ▌

◆ 成語釋義

捨生取義，表示為了真理和正義而不惜犧牲生命。常用於讚揚他人難能可貴的精神。

本計策是指，一個人在追求知行合一的過程中，要能夠做到取捨有度，勿要因小失大。

◆ 成語故事

捨生取義出自先秦時期孟軻的《孟子‧告子上‧魚我所欲也》，這裡寫道：「生，亦我所欲也，義，亦我所欲也。二者不可得兼，捨生而取義者也。」意思是說：生命是我想要的，道義也是我所想要的，如果二者不能兼得，那麼我就會選擇忠義而捨去我的生命。

◆ 文天祥的捨生取義

文天祥，初名為雲孫，字宋瑞，一字履善，道號浮休道人、文山。他出生於江西吉州廬陵，是宋朝末期著名的政治家、文學家、愛國詩人、抗元名臣。他與陸秀夫、張世傑三人一起被稱為「宋末三傑」。

文天祥是南宋時期的一位民族英雄。德祐元年，元軍沿長江東下，為了反抗元軍的侵略，文天祥為了軍資耗盡家產，招勤王兵 5 萬人，組成義軍，入衛臨安，抗元救國。有人說：「元軍人那麼多，你只有這些人怎麼抵抗，不是虎羊相拚嗎？」文天祥回答道：「國家有難而無人解救，是我最心疼的事。我力量雖然單薄，但也要為國盡力呀！」

最後，文天祥兵敗被俘，但他不願投降，還寫下「人生自古誰無死，留取丹心照汗青」這樣的豪言壯語，來表明自己堅持氣節、至死不變的決心。他拒絕了元朝的多次勸降，終於實現了捨生取義的理想，慷慨就義。文天祥捨生取義的救國精神值得稱頌。

◆ 心理分析

生與死，一向都是人們最難選擇的問題之一。然而在有志之士的眼中，生與死的選擇從來都不是難題，如文天祥的「人生自古誰無死，留取丹心照汗青」；譚嗣同的「我自橫刀向天笑，

去留肝膽兩崑崙」。

對他們來說生與死並不難選擇，因為他們心中有更重要的選擇 —— 民族大義。他們也都遵從內心的志向，捨生而取義。

同樣，在面對愛情與生命的選擇時，匈牙利詩人裴多菲・山多爾 (Petőfi Sándor) 選擇了自由精神：「生命誠可貴，愛情價更高，若為自由故，兩者皆可拋。」梁山伯與祝英台、羅密歐與朱麗葉卻會選擇愛情，同時他們都用自己的生命成全了自己的愛情。

在他們的眼中，無論怎麼選擇，都是出於自己的內心。對於他們來說，生是為了追求自己的志向，死也是忠於自己的志向。

其實每個人的人生都是由一連串的選擇與決定累積而成的，每個看起來微不足道的小選擇，都在決定著我們的未來會有怎樣的機遇。當我們仔細回顧過去時，就會發現過去和現在存在著緊密的連繫。

我們會成為一個什麼樣的人不是一瞬間的事，都是由之前的選擇結果一步步累積而成的。在面對愛情與生活的選擇時，許多人屈就於現實生活的困境、屈從於各種倫理道德的束縛，他們不敢真誠地面對自己的內心。於是他們開始抱怨親人、抱怨命運，殊不知真正該反省的是自己，是自己的選擇造就了現在的境遇。

　　一個人只有清清楚楚地明白人生的問題都是由自己造成的時候，他才會專注於解決問題，才不會抱怨他人、怪罪環境。因為他很清楚，只有自己先改變了，才有可能改變目前糟糕的情況。

　　在知行合一的修行路上，我們將「捨生取義」作為最後一個計策，旨在告訴人們，一個人在面對選擇的時候，不僅要做到有情有義，更要做到遵從自己的內心。

　　當然也有人會以不選擇的方式進行逃避，這其實是一種自欺欺人。要知道，不選擇也是一種選擇，而且是一種更「膽小」的選擇。這種選擇對事情的進展並無益處，甚至會把問題更加擴大。

　　因此在需要做出選擇的時候，我們不僅要堅定地遵從自己的內心，更要在做出選擇後，堅定自己的選擇，對自己的選擇無悔無怨。

　　那我們怎樣才能做出好的選擇呢？

1. 在「知」上下功夫

　　現今社會日新月異、競爭激烈，想要適應新形勢或新任務的要求，我們就必須進修。透過不斷地充實自己、提升自己、完善自己，才能加強自身修養、堅定理想信念、提高自己的境界。因而我們需要做到以下幾點：

(1) 端正態度。學習是獲取知識、提升能力、增長本領的必經之路，因此我們要端正態度，更加積極和主動，從「要我

學」到「我要學」，從「一般學」到「深入學」。

(2) 把握重點。要加強理論、思想的學習，做到真學、真懂，使理論、思想層面有穩固的基底。同時也要結合實作經驗，深度學習履行職責所需的各種知識，提高工作能力和工作水準。

(3) 講求學習的方式。要向書本學習，抱持缺什麼、補什麼的原則，多讀書、讀好書，不斷提高能力，拓寬視野；從實踐中學習，在實踐中總結經驗、發現規律；要向他人學習，放下架子，拜他人為師，甘願當他人的學生。

　　只有在「知」上下功夫，我們才能正確把握現狀、看清未來，從而在選擇時，才不會因為一時迷茫被他人或事物所迷惑，才能更遵從自己的內心。

2. 在「行」上做文章

　　我們要實現自己的目標，就需要勤於實踐、勇於創新、勇於擔當。

(1) 勤於實踐。實踐是義務、是本分，是最起碼的要求。要發揚腳踏實地的精神，扎實的努力以求實在的成績。

(2) 勇於創新。要創新，就要跳脫陳舊、傳統的思想與觀念，以全新的發展理念和創新的思維以求突破。我們需要做的就是從實際出發、大膽探索、大膽實踐。

(3) 勇於擔當。不在其位，不謀其政；在其位，謀其政。在工
　　作時能盡責、在難題面前能負責、出現過失時能擔責。堅
　　定自己的立場。

　　在我們選擇過後，要經過「行」的檢驗，才能累積經驗，從
而讓自己更有「知」的智慧。

　　在知行合一的過程中，選擇是重要的前提。我們只有在
「知」上下功夫、在「行」上下功夫，才能做到真正的知行合一。

◆ 幸福之計

　　在選擇的策略中，以下幾點對我們的人生有重大影響，也
是我們需要重視的：

1. 選擇同伴

　　這個同伴包括我們的人生伴侶、朋友。這些選擇決定著我
們人際交往的圈子、接觸事物的範圍、思想能到達的高度。正
所謂「良伴益友」，這些正是我們思想境界的體現。

2. 選擇工作

　　工作的選擇將決定我們的收入、社會地位、人際關係等。
一份充滿挑戰的工作能夠讓我們接觸到更多、更廣的事物和思
想，這是一份「單純待在生產線上」的工作所無法觸及的。

3. 選擇理想或者信念

理想與信念所體現的是我們人生的態度，更重要的是，這些理想與信念決定了我們一生的快樂和意義從何而來。

◆ 注意事項

我們在選擇的過程中，切忌矯枉過正。同時我們也要為自己的選擇做出應有的努力。

電子書購買

爽讀 APP

國家圖書館出版品預行編目資料

那些成語典故中的心理學大小事：成語釋義 ×
心理分析，古典文學與現代心理學的集合，用
最精華的人生智慧來指引你！ / 韋志中 著 . --
第一版 . -- 臺北市：崧燁文化事業有限公司，
2024.07
面；　公分
POD 版
ISBN

那些成語典故中的心理學大小事：成語釋義 × 心理分析，古典文學與現代心理學的集合，用最精華的人生智慧來指引你！

臉書

作　　　者：韋志中
發 行 人：黃振庭
責任編輯：高惠娟
出 版 者：崧燁文化事業有限公司
發 行 者：崧燁文化事業有限公司
E - m a i l：sonbookservice@gmail.com
粉 絲 頁：https://www.facebook.com/sonbookss/
網　　　址：https://sonbook.net/
地　　　址：台北市中正區重慶南路一段 61 號 8 樓
8F., No.61, Sec. 1, Chongqing S. Rd., Zhongzheng Dist., Taipei City 100, Taiwan
電　　　話：(02) 2370-3310　　　傳　　　真：(02) 2388-1990
印　　　刷：京峯數位服務有限公司
律師顧問：廣華律師事務所 張珮琦律師

定　　　價：350 元
發行日期：2024 年 07 月第一版
◎本書以 POD 印製
Design Assets from Freepik.com